Impressum
Verlag: BABADADA GmbH, Nedderfeld 112 , 22529 Hamburg
Geschäftsführer / Verlagsleitung: Harald Hof
Druck: Books on Demand GmbH, In de Tarpen 42, 22848 Norderstedt

Imprint
Publisher: BABADADA GmbH, Nedderfeld 112 , 22529 Hamburg, Germany
Managing Director / Publishing direction: Harald Hof
Print: Books on Demand GmbH, In de Tarpen 42, 22848 Norderstedt, Germany

1

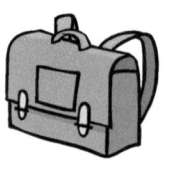

المدرسة
школа

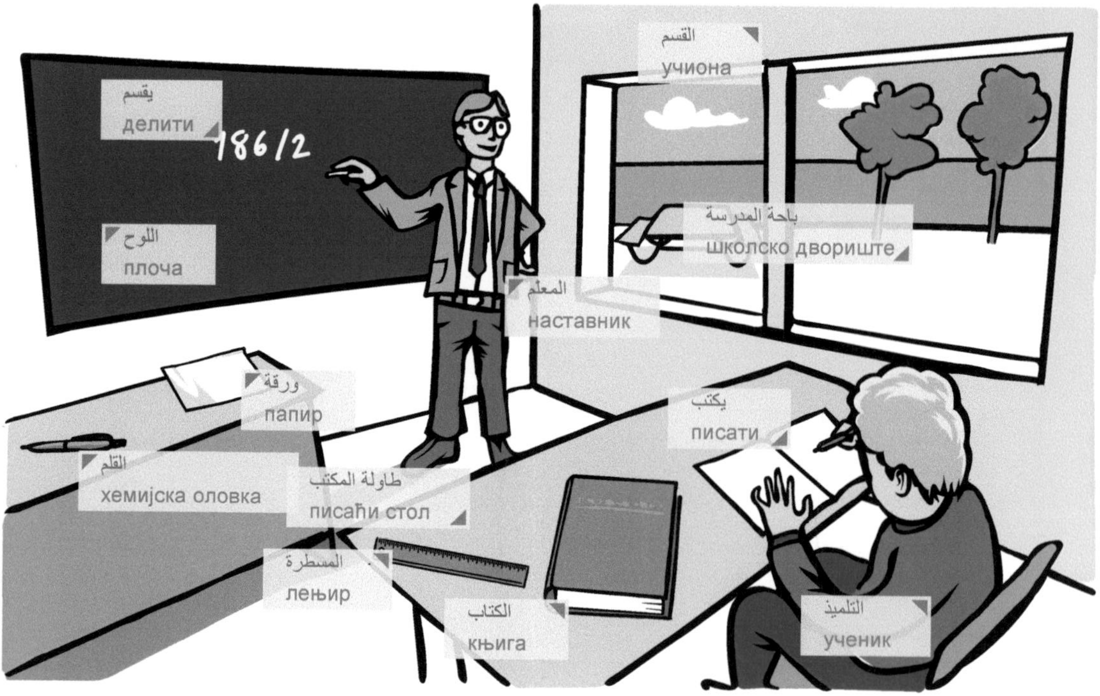

القسم
учиона
يقسم
делити
186/2
اللوح
плоча
باحة المدرسة
школско двориште
المعلّم
наставник
ورقة
папир
يكتب
писати
القلم
хемијска оловка
طاولة المكتب
писаћи сто
المسطرة
лењир
الكتاب
књига
التلميذ
ученик

الحقيبة المدرسية
....
торба

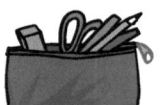

المقلمة
....
перница

قلم الرصاص
....
графитна оловка

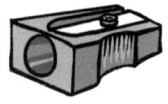

البرّاية
....
шиљило за оловке

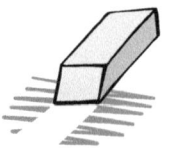

المِمحاة
....
гумица за брисање

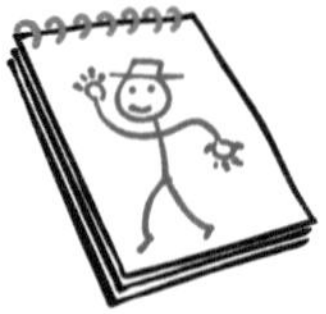

دفتر الرسم
....
блок за цртање

الرسمة

црτеж

الفرشاة

кист

علبة التلوين

кутија са бојама

المقص

маказе

المادة اللاصقة

лепило

دفتر التمارين

бележница

الواجب المدرسي

домаћи задатак

الرقم

број

2+2

يجمع

сабирати

5-2

يطرح

одузимати

يضرب

множити

يحسب

рачунати

A

الحرف

слово

ABCDEFG HIJKLMN OPQRSTU VWXYZ

الأبجدية

абецеда

كلمة

реч

النص

текст

يقرأ

читати

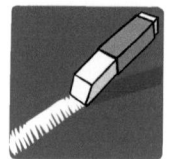

الطبشور

креда

الحصة

час

دفتر الدوام المدرسي

дневник

الامتحان

испит

شهادة

сведочанство

اللباس المدرسي

школска униформа

التعليم

образовање

الموسوعة

лексикон

الجامعة

универзитет

المجهر

микроскоп

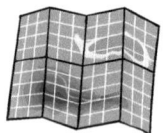

الخريطة

карта

قماما

кошара за папир

سفر

путовање

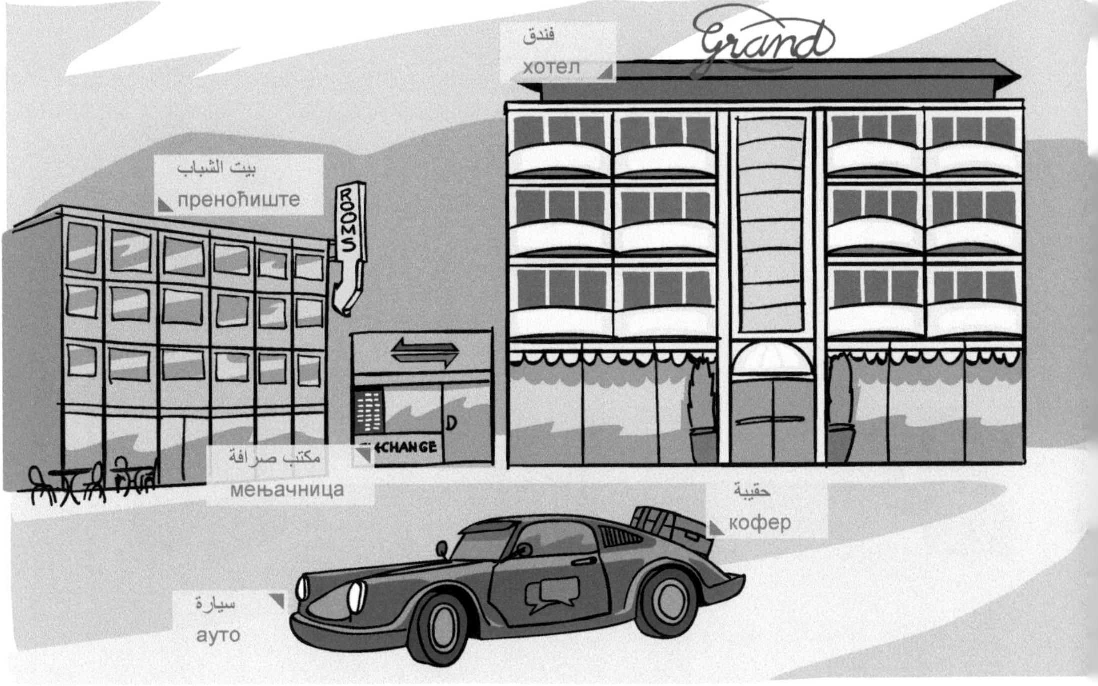

Grand
فندق
хотел
بيت الشباب
преноћиште
ROOMS
مكتب صرافة
мењачница
حقيبة
кофер
سيارة
ауто

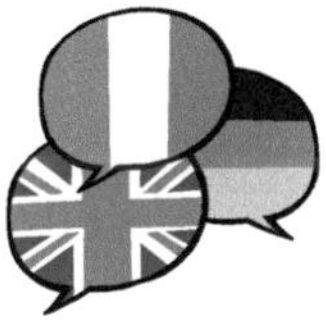

اللغة

језик

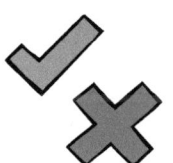

نعم / لا

да / не

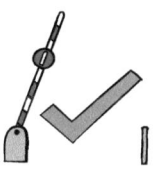

حسناً

океј

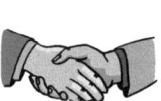

مرحباً

здраво

مترجم

преводилац

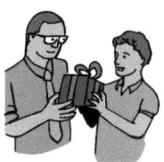

شكراً

хвала

كم ثمن ... ؟

Колико кошта...?

لا أفهم

не разумем

مشكلة

проблем

مساء الخير

добро вече!

صباح الخير!

Добро јутро!

ليلة سعيدة

Лаку ноћ!

إلى اللقاء

довиђења

اتجاه

смер

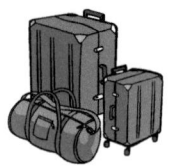

أمتعة السفر

пртљага

حقيبة

торба

حقيبة ظهر

руксак

ضيف

гост

غرفة

соба

كيس للنوم

врећа за спавање

خيمة

шатор

استعلامات سياحية

туристичке информације

شاطئ

плажа

بطاقة انتمان

кредитна картица

إفطار

доручак

طعام الغداء

ручак

العشاء

вечера

بطاقة سفر

карта за вожњу

مصعد

лифт

طابع بريدي

поштанска маркица

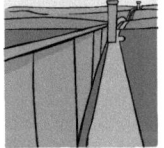

حدود

граница

الجمارك

царина

سفارة

амбасада

تأشيرة

виза

جواز سفر

пасош

نقل

транспорт

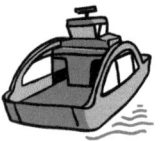

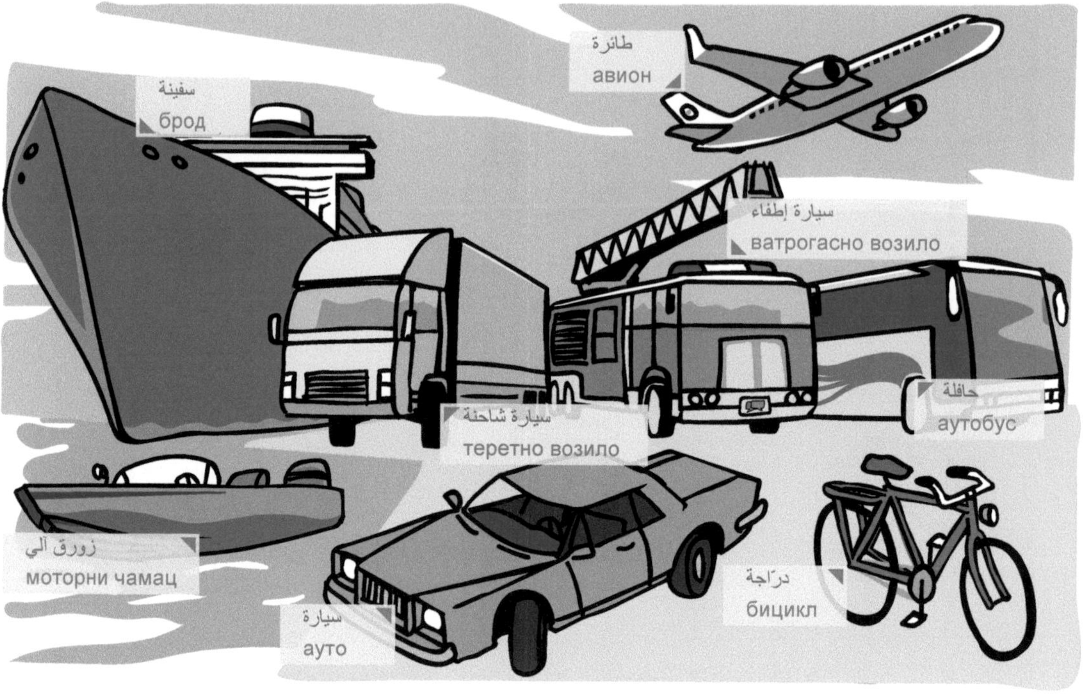
طائرة
авион
سفينة
брод
سيارة إطفاء
ватрогасно возило
حافلة
аутобус
سيارة شاحنة
теретно возило
زورق آلي
моторни чамац
درّاجة
бицикл
سيارة
ауто

عبارة

трајект

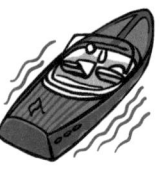

قارب

чамац

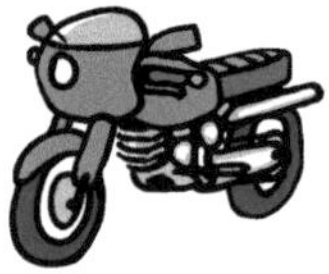

دراجة نارية

мотоцикл

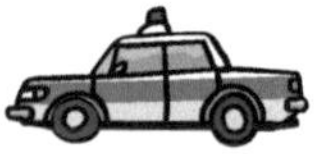

سيارة شرطة

полицијски ауто

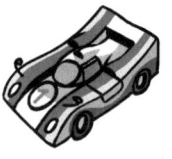

سيارة سباق

тркаћи ауто

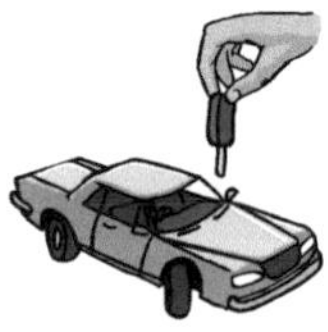

سيارة مستأجرة

изнајмљено ауто

أسلوب تشاركي في استئجار السيارات

делење аутомобила

سيارة للجر

вучно возило

سيارة نقل القمامة

возило за одвоз смећа

محرك

мотор

وقود

бензин

محطة وقود

бензинска станица

إشارة مرور

саобраћајни знак

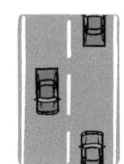

حركة السير

саобраћај

ازدحام سير

застој

موقف سيارات

паркиралиште

محطة قطار

железничка станица

سكك حديدية

шине

قطار

воз

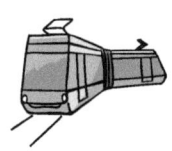

ترام

трамвај

عربة قطار

вагон

طائرة مروحية

хеликоптер

مطار

аеродром

برج

кула

مسافر

путник

حاوية

контејнер

علبة كرتون

картон

عربة يد

колица

سلّة

корпа

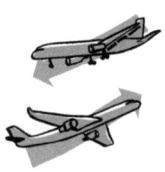

يقلع / يهبط

узлетети / слетети

مدينة

град

قرية

село

مركز المدينة

центар града

بيت

кућа

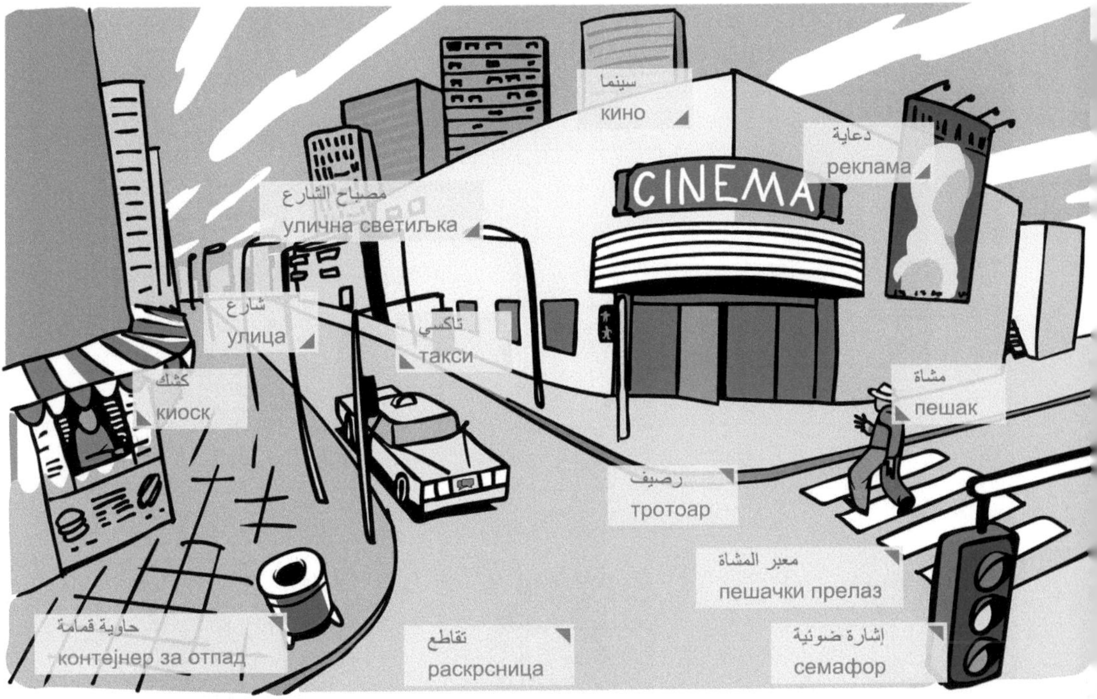

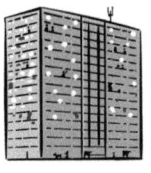

سينما
кино
CINEMA
دعاية
реклама
مصباح الشارع
улична светиљка
شارع
улица
تاكسي
такси
كشك
киоск
مشاة
пешак
رصيف
тротоар
معبر المشاة
пешачки прелаз
حاوية قمامة
контејнер за отпад
تقاطع
раскрсница
إشارة ضوئية
семафор

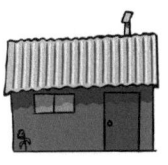

كوخ

колиба

شقة

стан

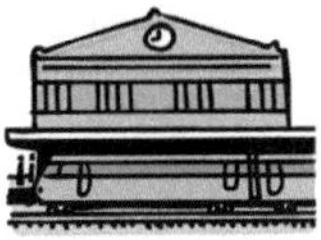

محطة قطار

железничка станица

دار البلدية

већница

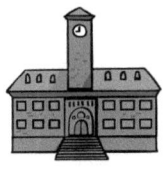

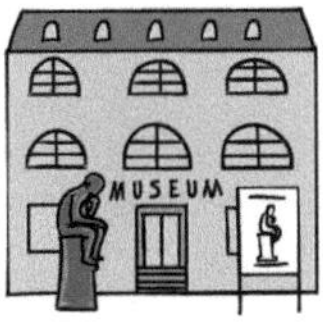

MUSEUM

متحف

музеј

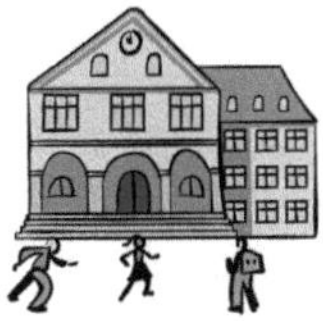

المدرسة

школа

الجامعة

универзитет

مصرف

банка

المستشفى

болница

فندق

хотел

صيدلية

апотека

مكتب

канцеларија

مكتبة

књижара

متجر

продавница

محل لبيع الزهور

цвећара

سوبرماركت

супермаркет

سوق

трг

متجر كبير

робна кућа

تاجر السمك

рибарница

مركز تَسوّق

трговачки центар

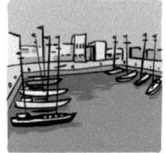

ميناء

лука

حديقة عامة	مقعد	جسر
парк	клупа	мост

درج، سلم	مترو	نفق
степенице	подземна железница	тунел

موقف حافلات	بار	مطعم
аутобуска станица	бар	ресторан

صندوق البريد	لافتة باسم الشارع	مقياس زمن الوقوف
поштанско сандуче	улични знак	паркирни аутомат

حديقة حيوانات	مسبح	مسجد
зоолошки врт	базен	џамија

مزرعة

сеоско газдинство

تلوث البيئة

загађење околине

مقبرة

гробље

كنيسة

црква

ملعب الأطفال

игралиште

معبد

храм

طبيعة ريفية

пејсаж

ورقة
лист

علامة إرشاد
путоказ

طريق
пут

مرج
ливада

حجر
камен

شجرة
дрво

رحالة
шетач

نهر
река

عشب
трава

زهرة
цвет

وادٍ

долина

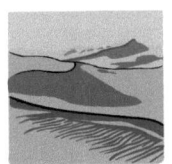

جبل

планина

بحيرة

језеро

غابة

шума

صحراء

пустиња

بركان

вулкан

قلعة

дворац

دوح سوق

дуга

فطر

гљива

نخلة

палма

بعوض

москито

ذبابة

мува

نملة

мрав

نحلة

пчела

عنكبوت

паук

خنفساء

буба

ضفدعة

жаба

سنجاب

веверица

قنفذ

јеж

أرنب

зец

بومة

сова

عصفور

птица

بجعة

лабуд

خنزير برّي

дивља свиња

غزال

јелен

إلكة

лос

سد

насип

دولاب الطاحونة الهوائية

ветрењача

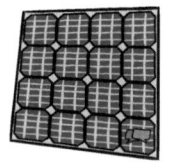

خلية شمسية

соларна плоча

مناخ

клима

مطعم
ресторан

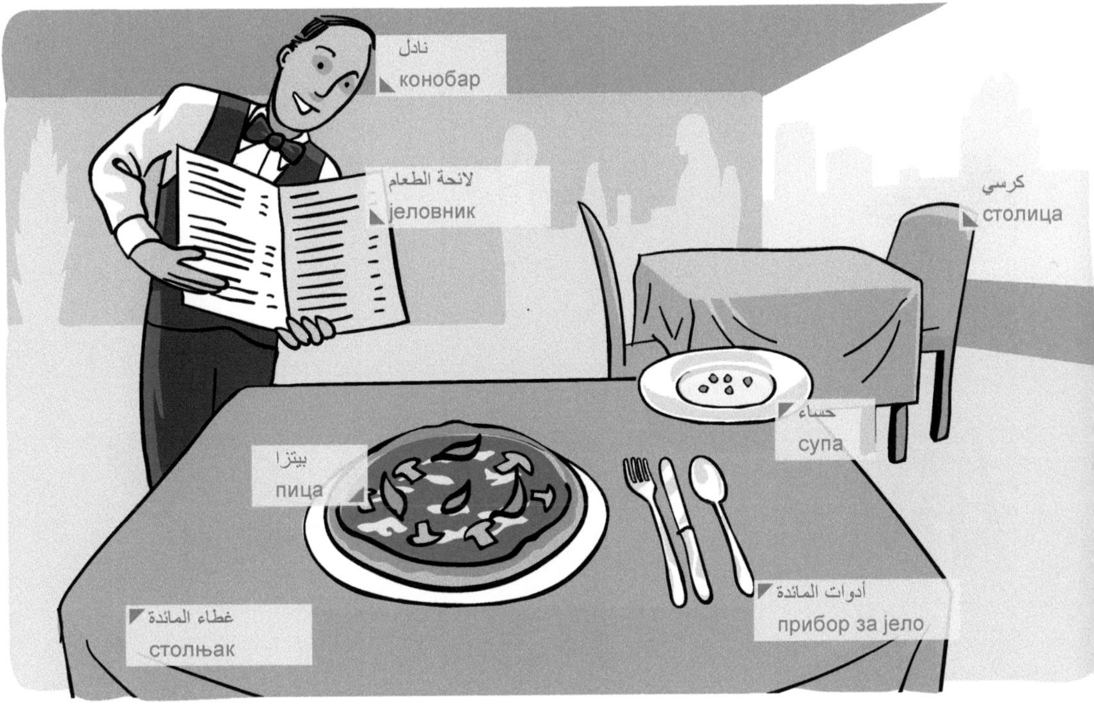

نادل
конобар
لائحة الطعام
јеловник
كرسي
столица
حساء
супа
بيتزا
пица
غطاء المائدة
столњак
أدوات المائدة
прибор за јело

مقبلات
....
предјело

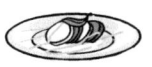

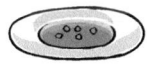

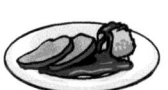

الصحن الرئيسي
....
главно јело

حلوى أو فاكهة بعد الطعام
....
десерт

مشروبات
....
напитци

طعام
....
јело

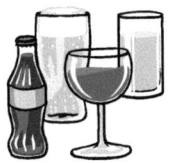

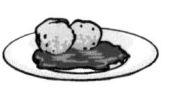

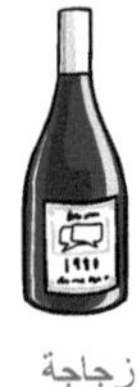

زجاجة
....
флаша

وجبات سريعة

брза храна

طعام الشارع

имбис храна

إبريق الشاي

чајник

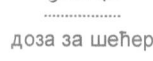

علبة السكر

доза за шећер

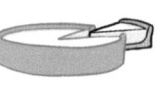

حصّة

порција

آلة الإسبريسو

апарат за еспресо

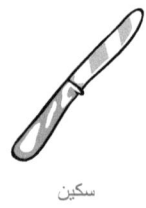

كرسي عالٍ

висока столица

فاتورة

рачун

صينية

послужавник

سكين

нож

شوكة

виљушка

ملعقة

кашика

ملعقة الشاي

чајна кашика

منديل المائدة

салвета

كأس

чаша

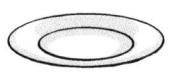

صحن

تањир

صحن الحساء

тањир за супу

صحن الفنجان

тањирић

صلصة

сос

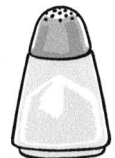

مملحة

сољенка

مطحنة الفلفل

млин за бибер

خلّ

сирће

زيت الطعام

уље

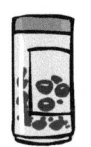 

توابل

зачини

كتشاب

кечап

خردل

сенф

مايونيز

мајонеза

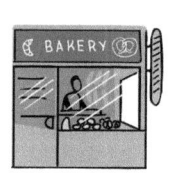

سوبرماركت

супермаркет

عرض خاص
понуда
FOR
زبون
купац
مشتقات الحليب
млечни производи
فواكه
воће
عربة تسوّق
колица за куповину

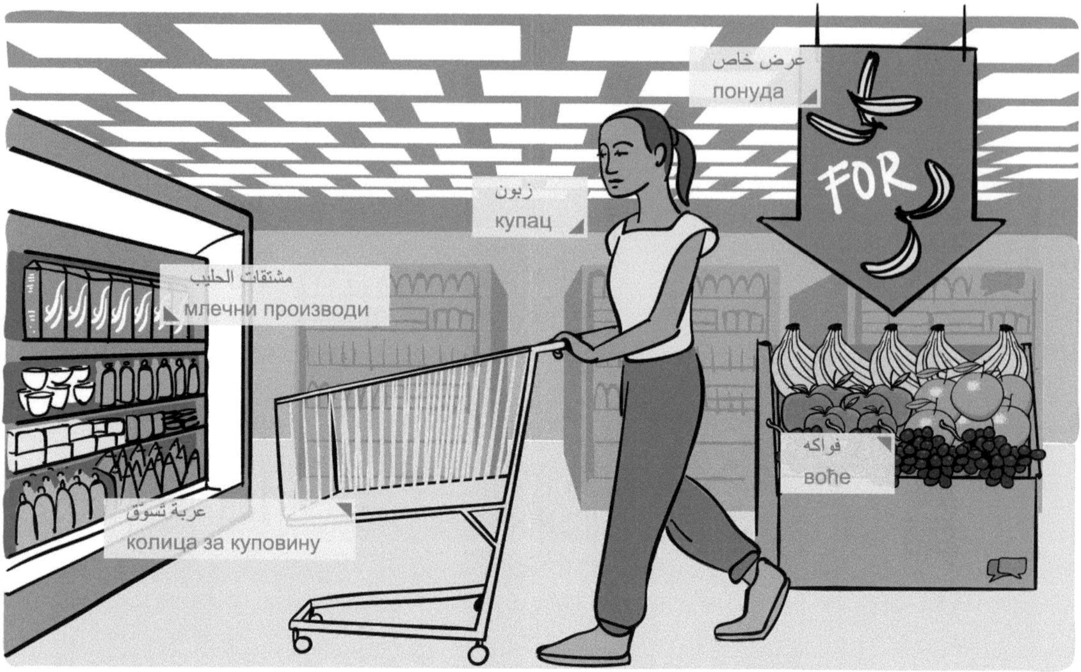

BUTCHERS

جزّار

месница

BAKERY

مخبز

пекара

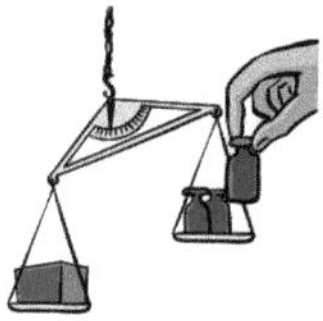

يزن

вагати

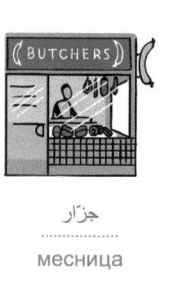

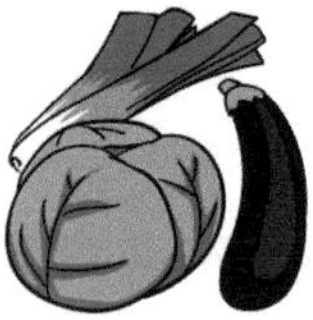

خضار

поврће

لحم

месо

المأكولات المجمّدة

смрзнута храна

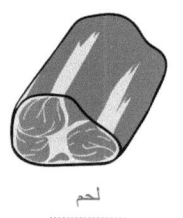

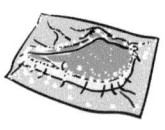

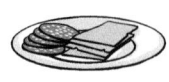

مرتدلا أو جين

нарезак

معلّبات

конзерве

مسحوق الغسيل

средство за прање

حلويات

слаткиши

المواد المنزلية

артикли за домаћинство

منظّفات

средства за чишћење

بائعة

продавачица

صندوق الحساب

благајна

أمين صندوق

благајник

قائمة المشتريات

листа за куповину

أوقات العمل

време рада

محفظة النقود

новчаник

بطاقة انتمان

кредитна картица

حقيبة

торба

كيس بلاستيكي

пластична кеса

ماء

вода

عصير

сок

حليب

млеко

كولا

кола

نبيذ

вино

بيرة

пиво

كحول

алкохол

كاكاو

какао

شاي

чај

قهوة

кава

قهوة إسبريسو

еспресо

كابوتشينو

капучино

موزة

банана

تفاح

јабука

برتقال

наранџа

بطيخ

лубеница

ليمون

лимун

جزرة

шаргарепа

ثوم

бели лук

خيزران

бамбус

بصل

лук

فطر

гљива

لوزيات

орашасти плодови

شعيرية

резанци

سباغيتي

شпагете

أرزّ

рижа

سلطة

салата

بطاطا مقلية

помфрит

بطاطا مقلية

печени крумпир

بيتزا

пица

هامبورغر

хамбургер

ساندويش

сендвич

شريحة لحم مقلية

шницла

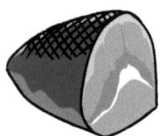

لحم خنزير

шунка

سلامي

салама

سجق

кобасица

دجاج

кокош

لحم محمر

печење

سمك

риба

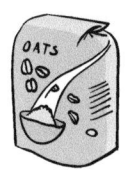

دقيق الشوفان

зобене пахуљице

موسلي

мусли

كورن فلكس

кукурузне пахуљице

طحين

брашно

كرواسان

кроасан

خبز صغير

пециво

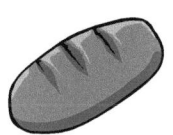

خبز

хлеб

خبز محمص

тоаст

بسكويت

кекси

زبدة

маслац

لبن زبادي

свежи сир

كعكة

колач

بيضة

jaje

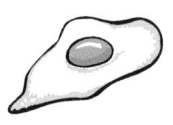

بيض مقلي

jaje на око

جبنة

сир

مثلجات

сладолед

سگر

шећер

عسل

мед

مربّى الفاكهة

мармелада

كريم النوغا

нугат крема

الكاري

кари

مزرعة

сеоско газдинство

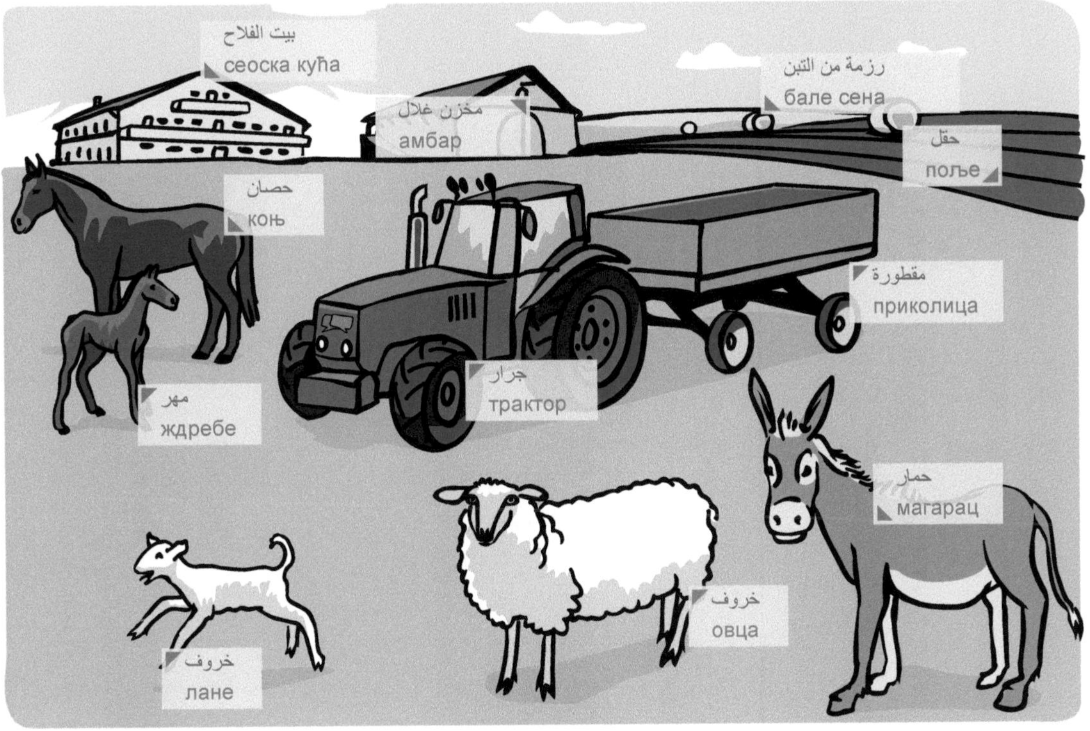

بيت الفلاح
сеоска кућа
رزمة من التبن
бале сена
مخزن غلال
амбар
حقل
поље
حصان
коњ
مقطورة
приколица
مهر
ждребе
جرار
трактор
حمار
магарац
خروف
овца
خروف
лане

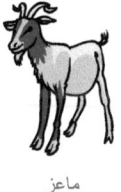

ماعز

коза

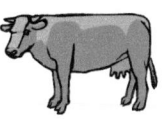

بقرة

крава

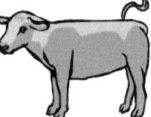

عجل

теле

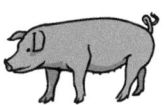

خنزير

свиња

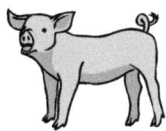

خنزير صغير

прасе

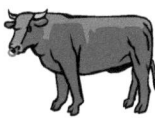

ثور

бик

إوزّة

гуска

بطة

патка

صوص

пилићи

دجاجة

кокош

ديك

петао

جرذ

пацов

قطّة

мачка

فأر

миш

ثور

вол

كلب

пас

كوخ الكلب

кућица за пса

خرطوم الحديقة

вртно црево

إبريق

канта за поливање

منجل

коса

المحراث

плуг

مزرعة - сеоско газдинство

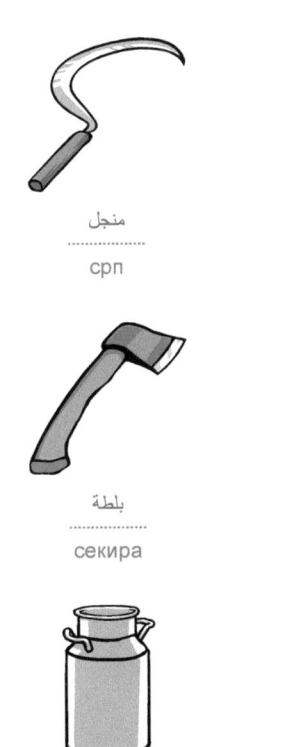

منجل

срп

معزقة

мотика

مذراة الزبل

виљушка за ђубриво

بلطة

секира

عربة يد

тачке

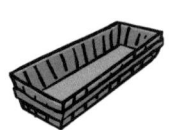

معلف

корито

صفيحة الحليب

посуда за млеко

كيس

врећа

سياج

ограда

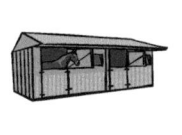

اصطبل

штала

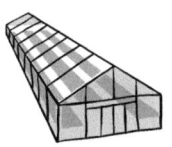

دفينة

стакленик

تربة

земља

بذور

семе

سماد

ђубриво

حصّادة درّاسة

комбајн

يحصد

жети

محصول

жетва

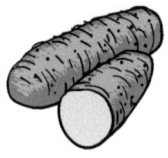

بطاطا يامس

јамс зачин

قمح

пшеница

صويا

соја

بطاطا

крумпир

ذرة

кукуруз

سلجم

уљана репица

شجرة فاكهة

воћка

نبات منيهوت

гомољ маниоке

الحبوب

житарице

30   مزرعة - сеоско газдинство

بيت

кућа

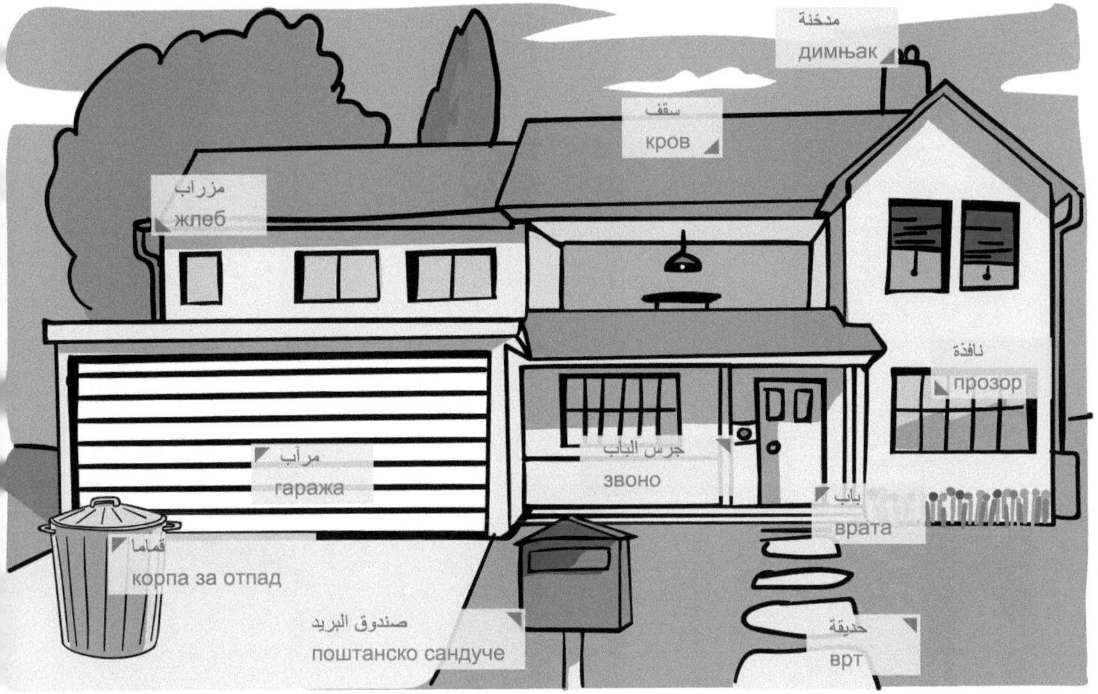

مدخنة
димњак
سقف
кров
مزراب
жлеб
نافذة
прозор
مرآب
гаража
جرس الباب
звоно
باب
врата
قماما
корпа за отпад
صندوق البريد
поштанско сандуче
حديقة
врт

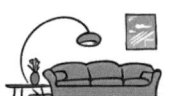

غرفة جلوس

дневна соба

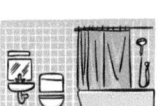

الحمّام

купаоница

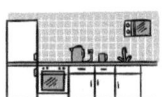

مطبخ

кухиња

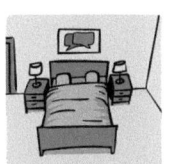

غرفة النوم

спаваћа соба

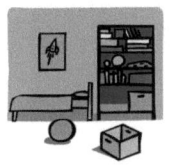

غرفة الأطفال

дечија соба

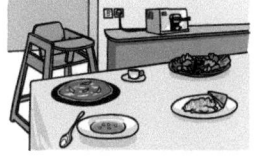

غرفة الطعام

трпезарија

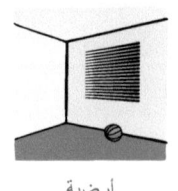

أرضية

под

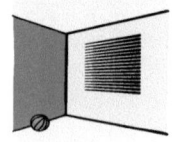

حائط

зид

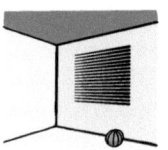

سقف

строп

قبو

подрум

ساونا

сауна

بلكون

балкон

شرفة

тераса

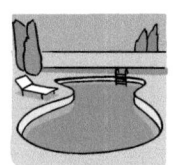

مسبح

базен

جزّازة العشب

косилица за траву

بياضات السرير

постељина за кревет

بطانية

дека за кревет

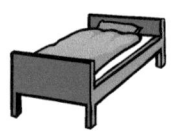

سرير

кревет

مكنسة

метла

سطل

канта

مفتاح كهربائي

прекидач

غرفة جلوس

дневна соба

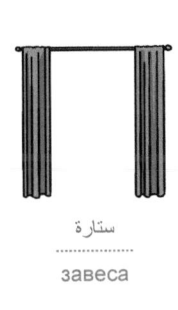

ورق جدران
тапета
صورة
слика
مصباح كهربائي
светиљка
رف
регал
خزانة
ормар
تلفزيون
телевизија
موقد مفتوح
камин
زهرة
цвет
وسادة
јастук
كنبة
кауч
مزهرية
ваза
تحكم عن بعد
даљински управљач

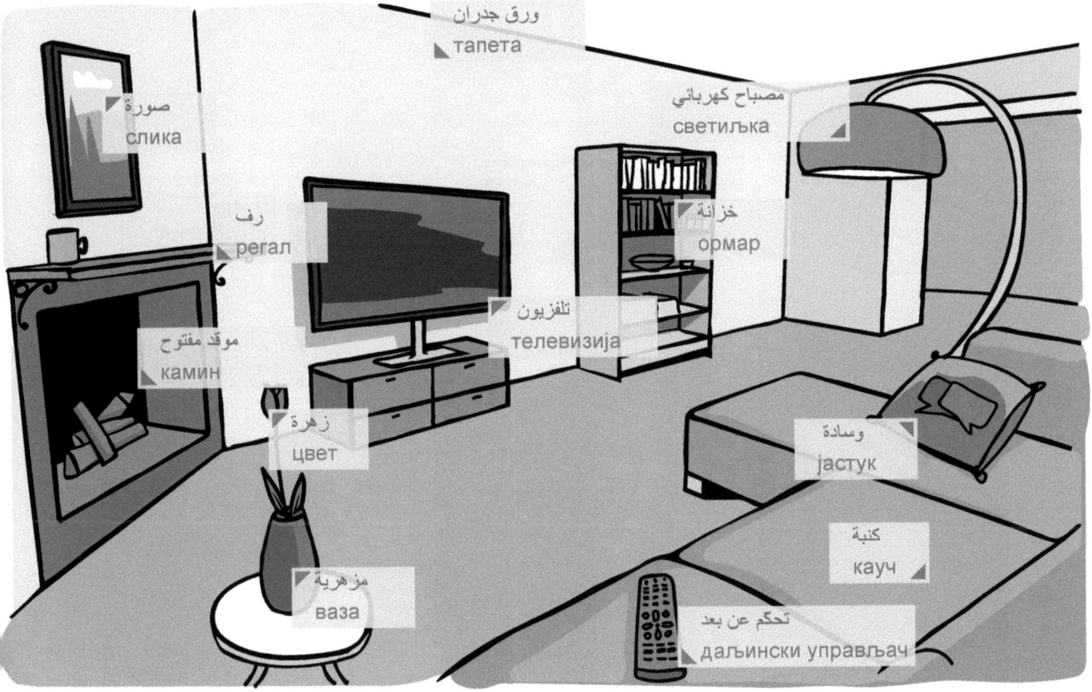

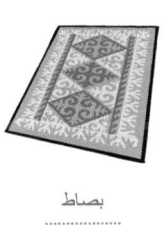

بصاط

тепих

ستارة

завеса

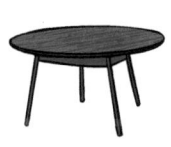

طاولة

сто

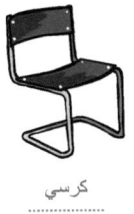

كرسي

столица

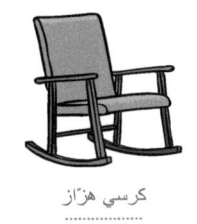

كرسي هزّاز

столица за њихање

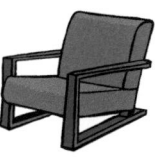

كرسي ذو ذراعين

фотеља

الكتاب

књига

بطانية

дека

زخرفة

декорација

الحطب

дрво за огрев

فيلم

филм

تجهيزات ستيريو

хи-фи уређај

مفتاح

кључ

جريدة

новине

لوحة مرسومة

слика на платну

مُلصق

постер

راديو

радио

دفتر ملاحظات

блок за писање

المكنسة الكهربائية

усисивач

صبار

кактус

شمعة

свећа

مطبخ

кухиња

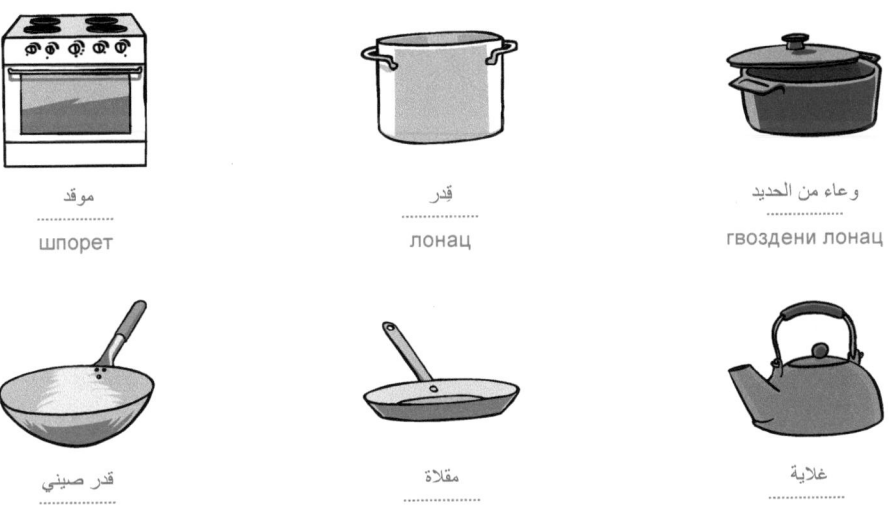

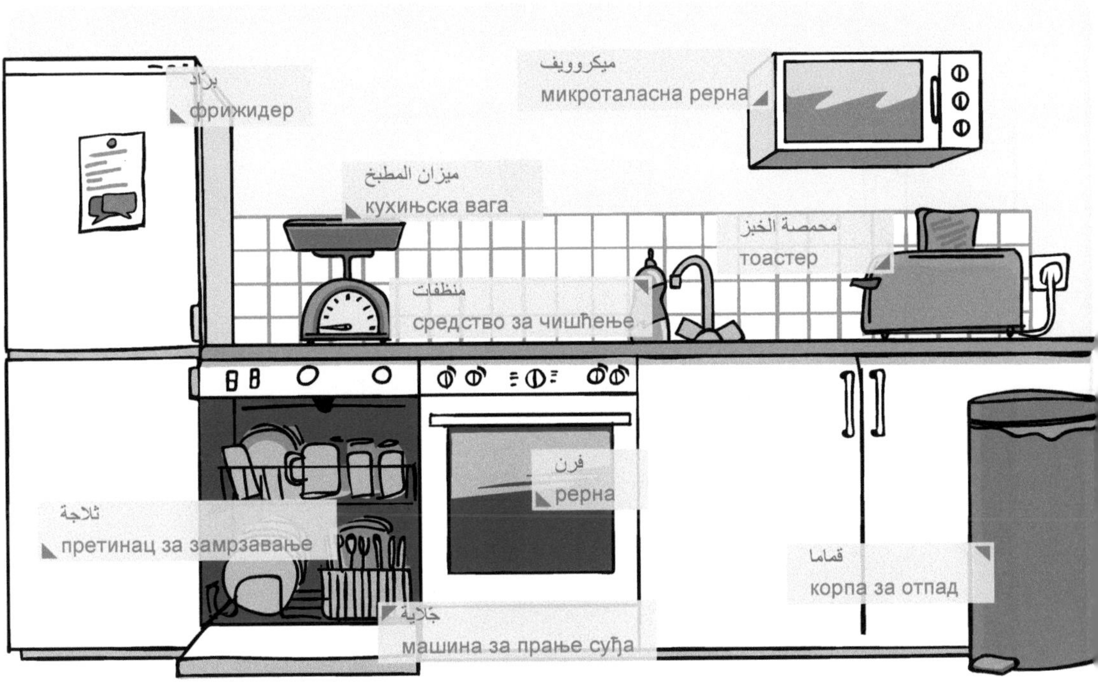
برّاد
фрижидер
ميكروويف
микроталасна рерна
ميزان المطبخ
кухињска вага
محمصة الخبز
тоастер
منظفات
средство за чишћење
فرن
рерна
ثلاجة
претинац за замрзавање
قماما
корпа за отпад
جَلاية
машина за прање суђа

موقد

шпорет

قِدر

лонац

وعاء من الحديد

гвоздени лонац

قدر صيني

вок / кадаи

مقلاة

тава

غلاية

кувало за воду

قدر البخار

кувало на пару

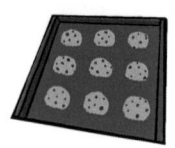

صينية

лим за печење

أواني

посуђе

فنجان

чаша

صحن

посуда

عيدان الأكل

штапићи за јело

مغرفة

кутлача

ملعقة منبسطة

лопатица

خفاقة

пењача

مصفاة

сито за кување

مصفاة

сито

مبشرة

рибеж

هاون

мужар

شواء

роштиљ

موقد

огњиште

لوح التقطيع

даска

نشّابة

оклагија

مفتاح الزجاجات

вадичеп

علبة

конзерва

مفتاح العلب المعدنية

отварач конзерви

قماش الفرن

крпа за лонац

مجلى

судопер

فرشاة

четка

إسفنج

сунђер

خلاط

миксер

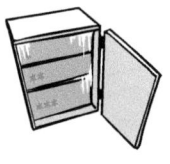

مجمّدة

замрзивач

زجاجة الطفل

флашица за бебе

صنبور الماء

славина за воду

купаоница

تدفئة
грејање

دوش
туш

منشفة
пешкир

ستارة الدوش
завеса за туш

حمام رغوة
пенушава купка

حوض الحمام
када

كأس
чаша

غسّالة
машина за прање веша

صنبور الماء
славина за воду

بلاط
плочице

قفازات مطاطية
гута

مجلى
судопер

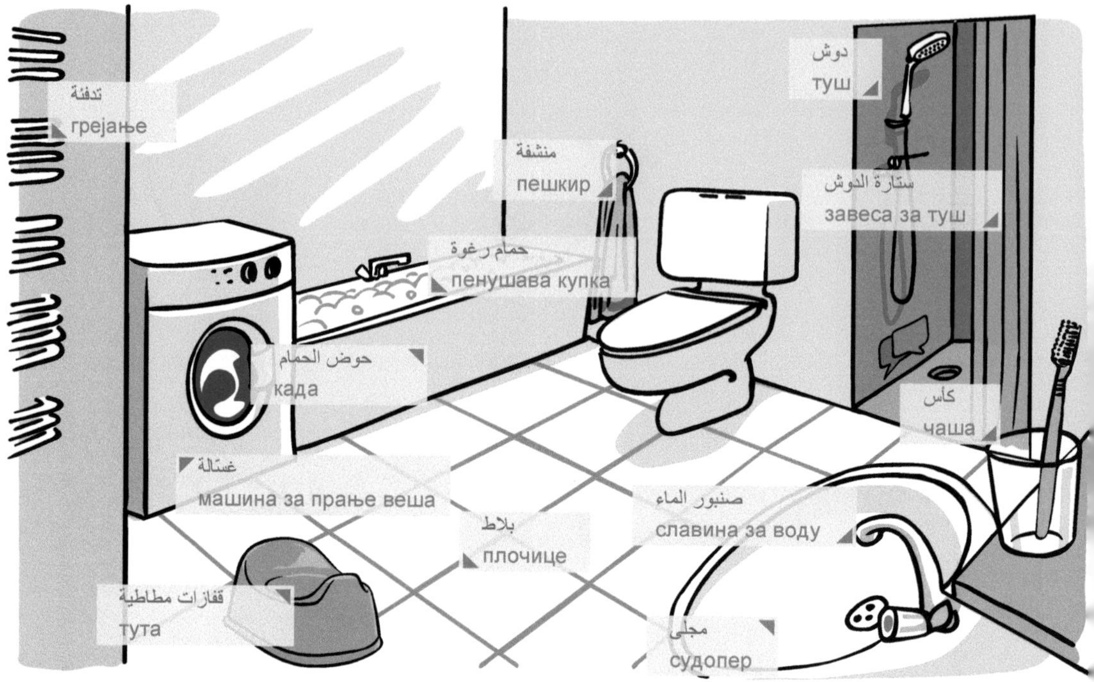

حمام
тоалет

مرحاض القرفصاء
чучавац

حوض التشطيف
бидет

مبولة
писоар

ورق المرحاض
тоалетни папир

فرشاة الحمام
четка за тоалет

فرشاة الأسنان

четкица за зубе

معجون الأسنان

паста за зубе

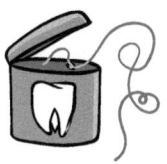

خيط حرير لتنظيف الأسنان

конац за зубе

يغسل

прати

رشاش ماء يدوي

туш ручица

شطاف

туш за прање интимних делова

حوض الغسيل

лавор

فرشاة الظهر

четка за прање леђа

صابون

сапун

جيل الدوش

гел за туширање

شامبو

шампон

ممسحة

крпа за прање

مصرف للماء

одвод

مرهم

крема

مزيل الروائح

дезодоранс

مرآة

огледало

مرآة يد

козметичко огледало

موس حلاقة

бријач

رغوة الحلاقة

пена за бријање

كولونيا

лосион за после бријања

مشط

чешаљ

فرشاة

четка

سشوار

фен за косу

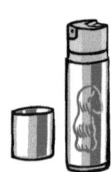

مثبت للشعر

спреј за косу

ماكياج

шминка

روج

руж за усне

طلاء أظافر

лак за нокте

قطن

вата

مقص أظافر

маказе за нокте

عطر

парфем

سلة الغسيل

козметичка торбица

مقعد صغير

столица

ميزان

вага

معطف الحمام

огртач

قفازات مطاطية

рукавице за чишћење

سدادة قطنية

тампон

منشفة صحية

уложак

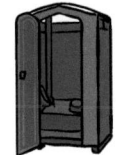

تواليت كيميائية

хемијски тоалет

غرفة الأطفال

дечија соба

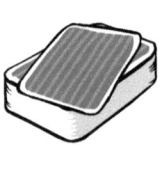

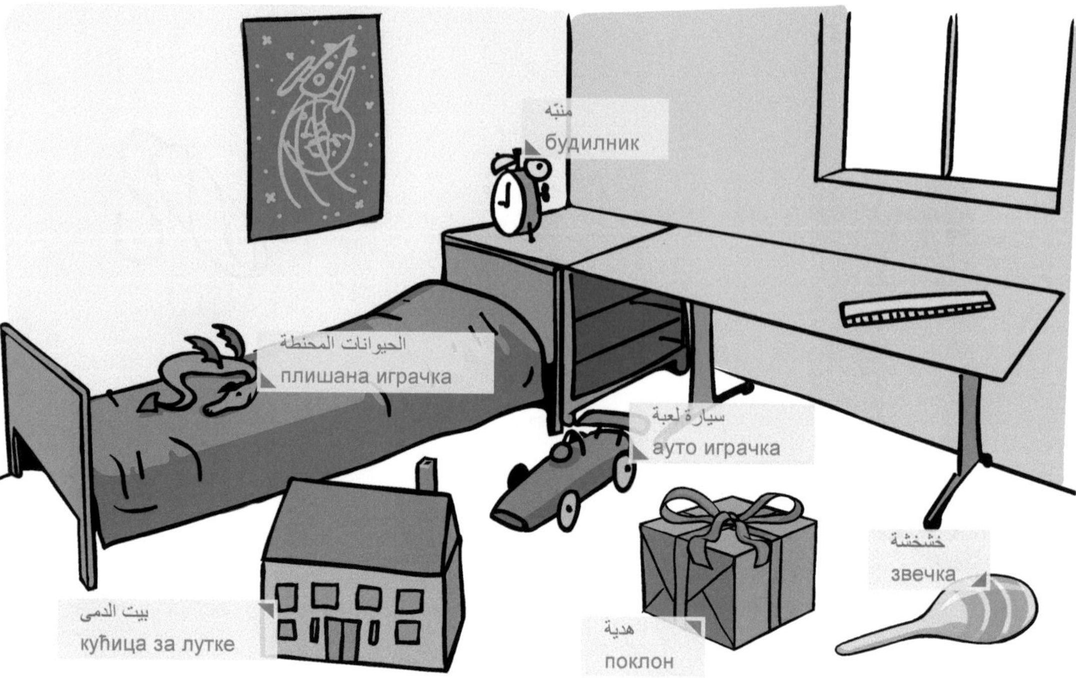
منبّه
будилник
الحيوانات المحنطة
плишана играчка
سيارة لعبة
ауто играчка
خشخشة
звечка
بيت الدمى
кућица за лутке
هدية
поклон

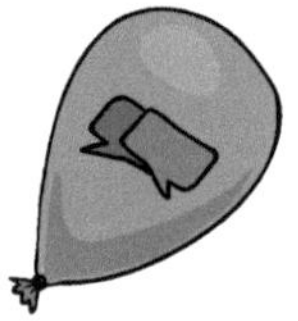

بالون

балон

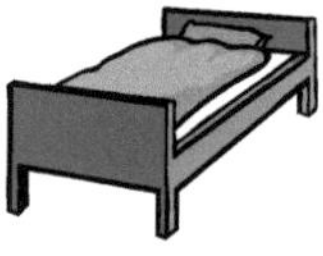

سرير

кревет

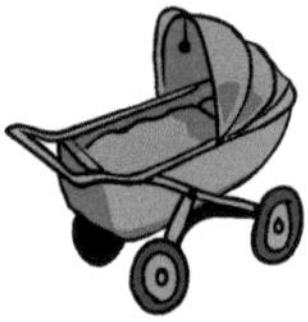

عربة الأطفال

дјечија колица

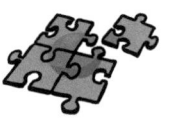

لعبة الورق

игра са картама

أحجية

слагалица

SUPER
MEGA

رسوم هزلية

стрип

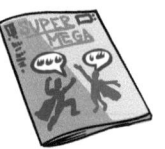

أحجار الليغو

лего коцкице

حجارة تركيب

коцкице за слагање

دمية بطل

акциони јунак

لباس الطفل

бенкица за бебе

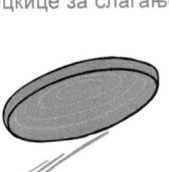

فريسبي

фризби

دمية معلقة

висеће играчке

لعبة الطاولة

друштвене игре

لعبة النرد

коцка

لعبة قطار

минијатурна жељезница

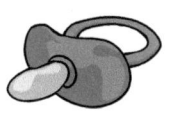

مصّاصة

дуда

حفلة

забава

كتاب مصوّر

сликовница

كرة

лопта

دمية

лутка

يلعب

играти

ملعب رملي للأطفال

пешчаник

أرجوحة

љуљачка

لعبة

играчка

ألعاب فيديو

конзола за игре

دراجة ثلاثية

трицикл

دمية على شكل الدب

теди

خزانة الثياب

ормар

ثياب

одећа

جوارب قصيرة

кратке чарапе

جوارب طويلة

чарапе

جورب بنطلون

хулахопке

شال
шал

شمسية
кишобран

تي شيرت
мајица

حزام
каиш

حذاء شتوي
чизме

شبشب
папуче

أحذية رياضية
патике

صندل
....
сандале

حذاء
....
ципеле

جزمة كاوتشوك
....
гумене чизме

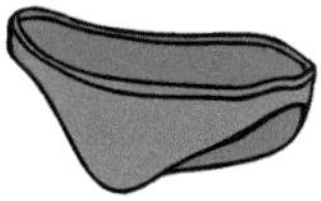

سروال داخلي
....
гаћице

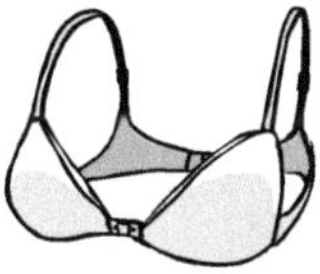

صدّارة
....
грудњак

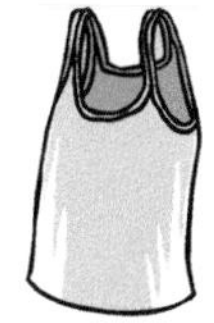

قميص داخلي
....
поткошуља

ثياب - одећа   45

لباس ملاصق للجسم

боди

بنطلون

панталоне

جينز

фармерке

تَنورة

сукња

بلوزة

блуза

قميص

кошуља

سترة قطنية

џемпер

كنزة كم طويل

џемпер с капуљачом

سترة فضفاضة

сако

سترة

jакна

معطف

мантил

معطف مطري

кабаница

زي - طقم نسائي

костим

ثوب

хаљина

ثوب الزفاف

венчаница

طقم

одело

قميص نوم

спаваћица

بيجاما

пиџама

ساري

сари

حجاب

марама за главу

عمامة

турбан

برقع

бурка

قفطان

кафтан

عباءة

абаја

مايوه

купаћи костим

سروال سباحة

купаће гаћице

شرت

кратке панталоне

بدلة رياضية

одећа за тренинг

منزر

кецеља

قفازات

рукавице

زر

дугме

نظّارة

наочаре

إسوارة

наруквица

عقد

огрлица

خاتم

прстен

قرط

наушница

طاقيّة

капа

علاقة ثياب

вешалица

قبّعة

шешир

ربطة العنق

кравата

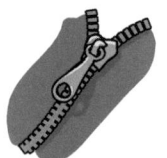

سحّاب

патент затварач

خوذة

кацига

حمّالة البنطلون

нараменице

اللباس المدرسي

школска униформа

زي موحّد

униформа

مريلة الأطفال

подбрадак

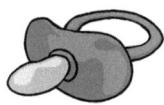

مصّاصة

дуда

لفافة

пелена

مكتب

канцеларија

المخدّم — сервер

خزانة الملقات — ормар за списе

طابعة — штампач

ورقة — папир

شاشة — монитор

فأرة — миш

طاولة المكتب — писаћи сто

ملف — мапа

لوحة المفاتيح — тастатура

كرسي — столица

قماما — кошара за папир

حاسوب — компјутер

كأس من القهوة

шалица за каву

الآلة الحاسبة

калкулатор

الإنترنت

интернет

الحاسوب المحمول

لاptop

رسالة

писмо

خبر

порука

الهاتف المحمول

мобилни телефон

شبكة

мрежа

جهاز تصوير

уређај за копирање

البرمجيات

софтвер

هاتف

телефон

مقبس كهربائي

утичница

فاكس

факс

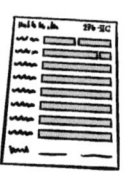

استمارة

формулар

وثيقة

документ

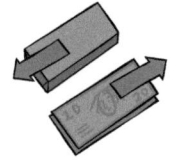

يَشْتَري

куповати

يدفع

платити

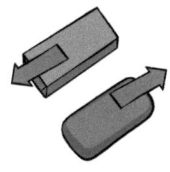

يتاجر

трговати

مال

новац

دولار

долар

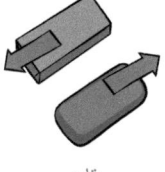

يورو

евро

ين

јен

روبل

рубља

فرنك سويسري

швајцарски франак

يوان

ренминдби јуан

روبية

рупија

صرّاف آلي

аутомат за новац

مكتب صرافة

мењачница

ذهب

злато

فضة

сребро

نفط

нафта

طاقة

енергија

سعر

цена

عقد

уговор

ضريبة

порез

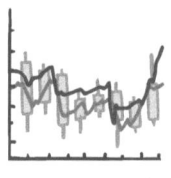

سهم

деонице

يعمل

радити

موظف

службеник

رب العمل

послодавац

مصنع

фабрика

متجر

продавница

المِهَن

занимања

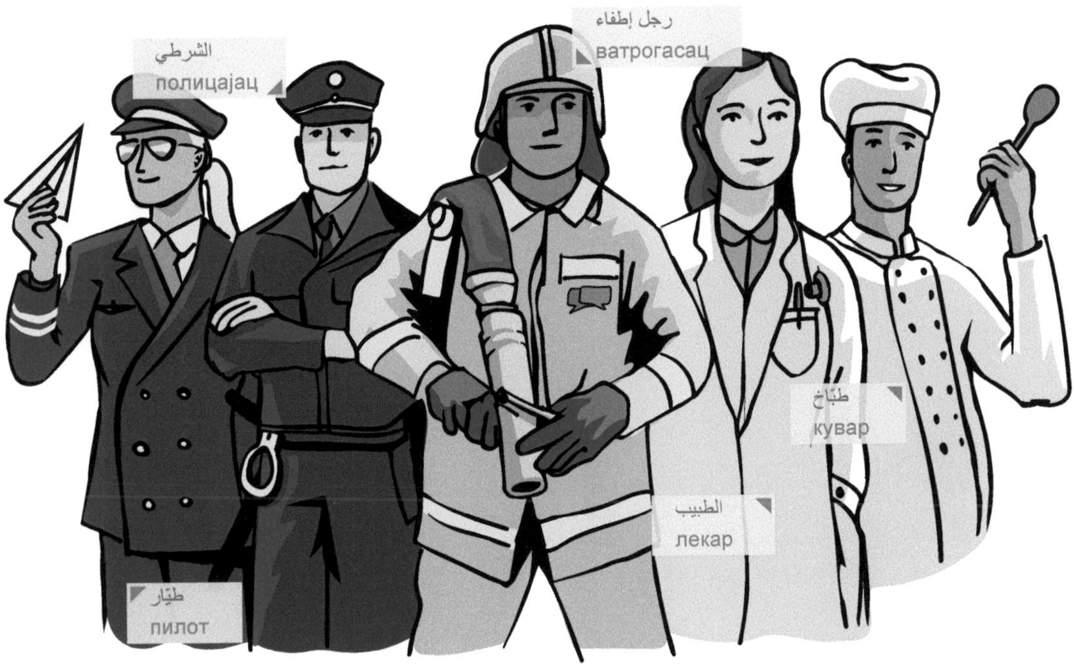

رجل إطفاء
ватрогасац
الشرطي
полицајац
طبّاخ
кувар
الطبيب
лекар
طيّار
пилот

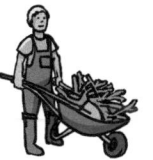

بستاني

вртлар

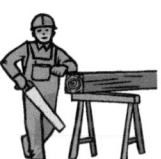

نجّار

столар

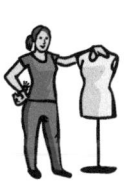

خيّاطة

кројачица

قاض

судија

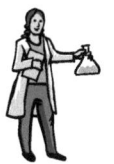

كيميائي

хемичар

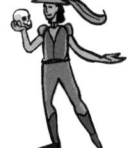

ممثل

глумац

سائق حافلة

возач аутобуса

سائق تاكسي

возач таксија

صياد سمك

рибар

أجيرة للتنظيف

чистачица

بنّاء سقف

кровопокривач

نادل

конобар

صيّاد

ловац

رسّام

сликар

خباز

пекар

كهربائي

електричар

عامل بناء

грађевински радник

مهندس

инжењер

لحّام

месар

سمكري

лимар

ساعي البريد

поштар

جندي

војник

مهندس معماري

архитекта

أمين صندوق

благајник

بائع الزهور

цвећар

حلاق

фризер

مراقب القطار

кондуктер

ميكانيكي

механичар

قبطان

капетан

طبيب أسنان

зубар

رجل العلم

научник

حاخام

раби

إمام

имам

راهب

монах

كاهن

свећеник

алати

مطرقة
чекић
كمّاشة
клешта
مفك البراغي
одвијач
مفتاح ربط
кључ за завртње
مصباح يد
џепна лампа

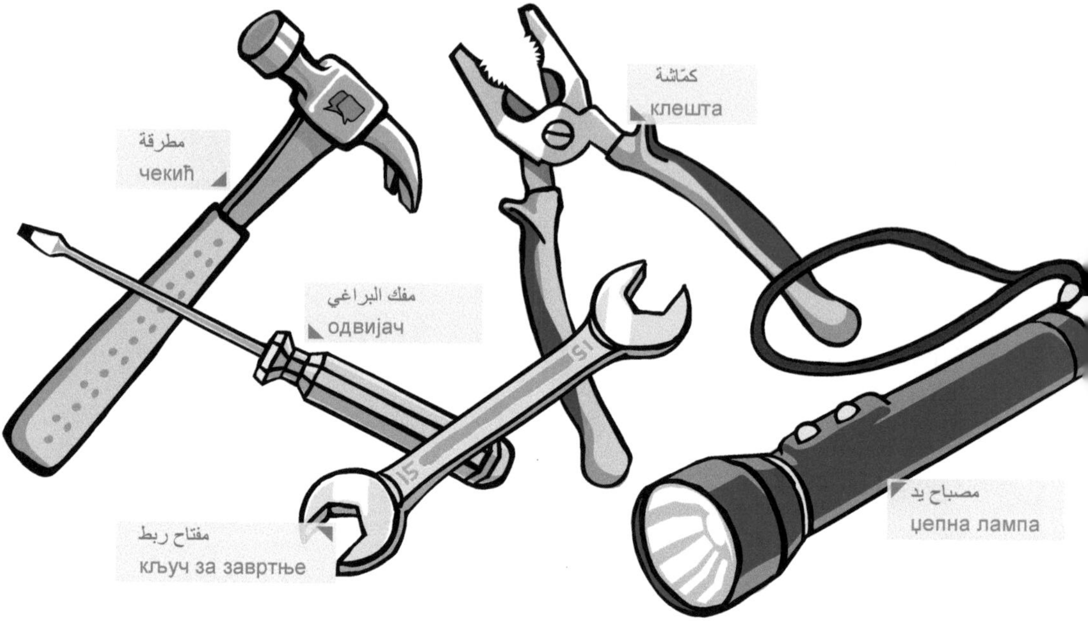

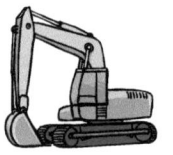

جرافة

багер

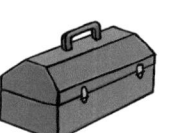

صندوق العدة

кутија за алат

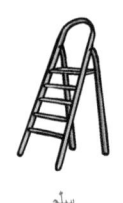

سلّم

мердевине

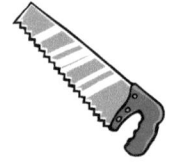

منشار

пила

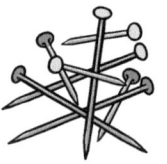

مسامير

ексер

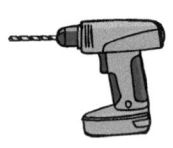

مثقب

бушилица

يصلح

поправити

مجرفة

лопата

اللعنة

до ђавола!

لقاطة الكناسة

лопатица

سطل الألوان

лонац за боју

براغي

завртањи

آلات موسيقية

музички инструмент

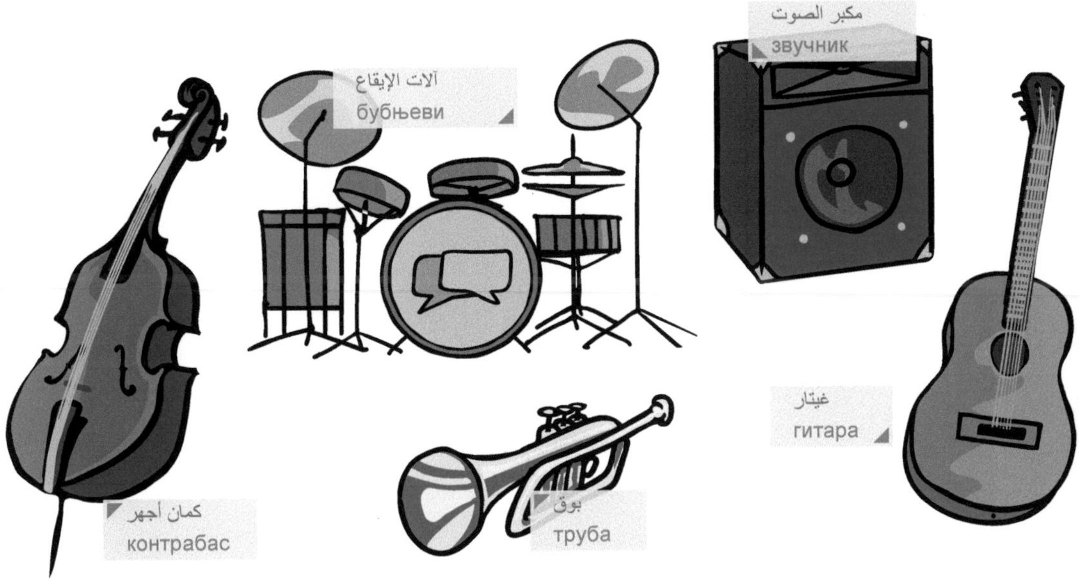

مكبر الصوت
звучник

آلات الإيقاع
бубњеви

غيتار
гитара

كمان أجهر
контрабас

بوق
труба

بيانو

كلاвир

كمنجة

виолина

جهير

бас

طبل كبير

тимпани

طبل

удараљке за бубњеве

بيانو كهربائي

типке клавира

ساكسوفون

саксофон

ناي

флаута

ميكروفون

микрофон

حديقة حيوانات

зоолошки врт

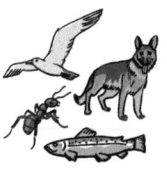

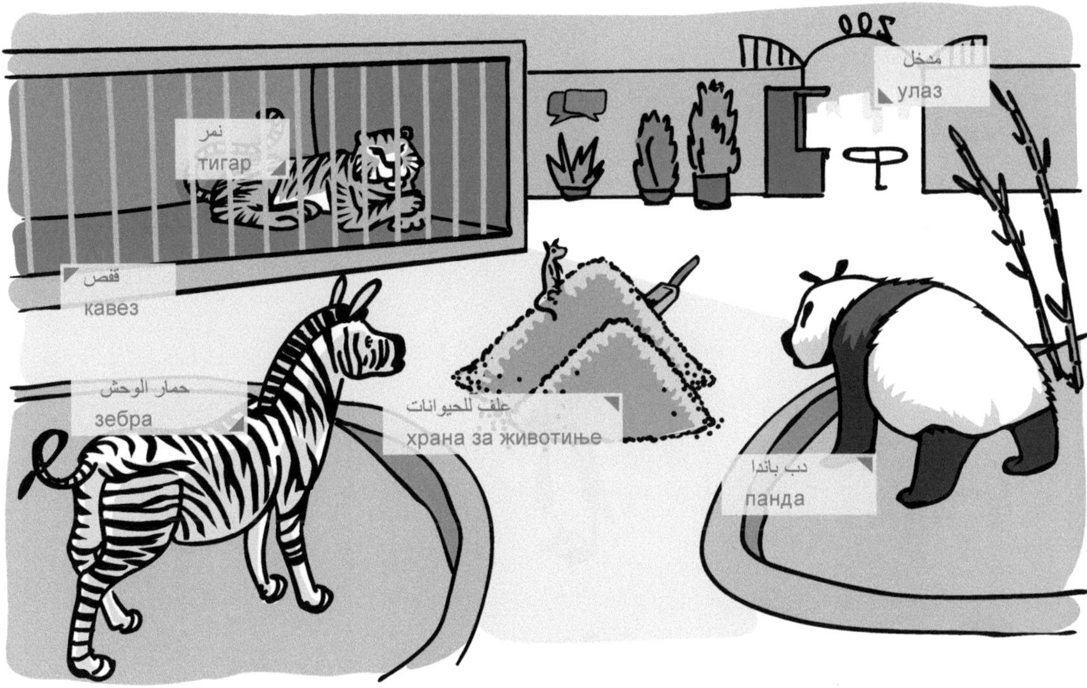

مدخل
улаз
نمر
тигар
قفص
кавез
حمار الوحش
зебра
علف للحيوانات
храна за животиње
دب باندا
панда

حيوانات

животиње

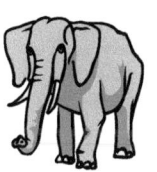

فيل

слон

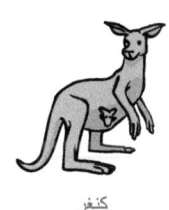

كنغر

кенгур

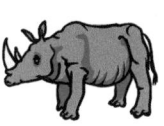

وحيد القرن

носорог

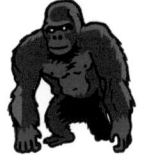

غوريلا

горила

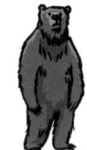

دب

медвед

جمل

камила

نعامة

ној

أسد

лав

قرد

мајмун

طائر فلامينغو

фламинго

ببغاء

папагај

دب قطبي

поларни медвед

بطريق

пингвин

سمك القرش

ајкула

طاووس

паун

أفعى

змија

تمساح

крокодил

حارس في حديقة الحيوان

чувар у зоолошком врту

عجل البحر

туљан

نمر أمريكي مرقط

јагуар

فرس قزم

пони

نمر

леопард

فرس النهر

нилски коњ

زرافة

жирафа

نسر

орао

خنزير برّي

дивља свиња

سمك

риба

سلحفاة

корњача

حيوان فظ البحري

морж

ثعلب

лисица

غزال

газела

كرة القدم الأمريكية
амерички ногомет

ركوب الدراجات
бициклизам

كرة التنس
тенис

كرة السلة
кошарка

السباحة
пливање

الملاكمة
бокс

هوكي الجليد
хокеј на леду

كرة القدم
фудбал

الريشة الطائرة
бадминтон

ألعاب القوى الخفيفة
атлетика

كرة اليد
ракомет

التزلج على الثلج
скијање

بولو
поло

يضحك
смејати се

يُعانق
загрлити

يَقفز
скочити

يمشي
ићи

يُغني
певати

يُصلّي
молити се

يُقبل
пољубити

يحلم
сањати

يكتب
писати

يرسم
цртати

يُري
показати

يدفع
гурати

يُعطي
дати

يأخذ
узети

يملك

имати

يعمل

чинити

يوجد

бити

يقف

стојати

يركض

трчати

يسحب

повлачити

يرمي

бацити

يقع

падати

يستلقي

лежати

ينتظر

чекати

يحمل

носити

يجلس

седити

يلبس

облачити

ينام

спавати

يستيقظ

пробудити се

	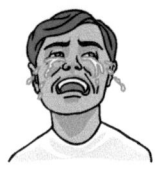	
ينظر إلى .. гледати	يبكي плакати	يمسّد миловати

يمشّط чешљати	يتكلم говорити	يفهم разумети

يسأل питати	يسمع слушати	يشْرب пити

يأكل јести	يرتب поспремити	يحب волети

يطبخ кухати	يقود возити	يطيّر летети

يبحر بزورق شراعي

пловити

يحسب

рачунати

يقرأ

читати

يتعلم

учити

يعمل

радити

يتزوج

венчати се

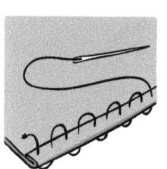

يخيط

шити

ينظف أسنانه

прати зубе

يقتل

убити

يدخّن

пушити

يرسل

послати

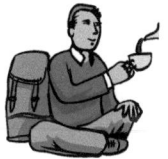

عائلة

породица

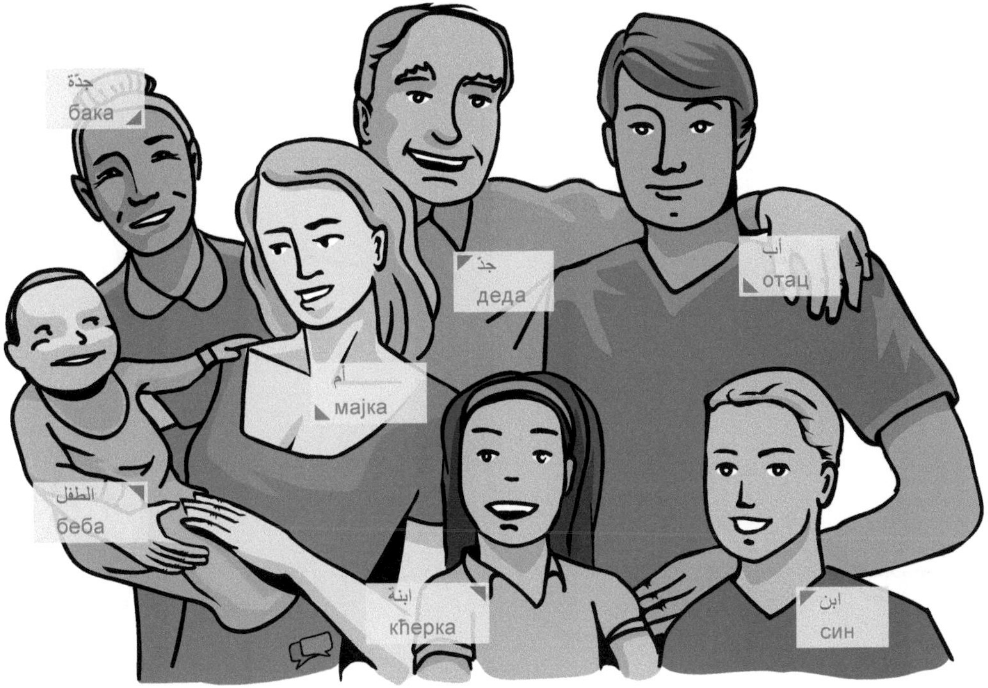

جدّة
бака
جدّ
деда
أب
отац
أم
мајка
الطفل
беба
ابنة
кћерка
ابن
син

ضيف

гост

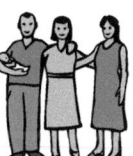

عمّة / خالة

тетка

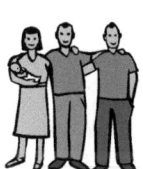

عمّ / خال

ујак, стриц

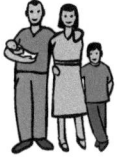

أخ

брат

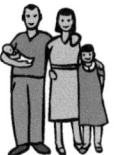

أخت

сестра

الجسم

тело

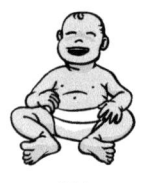

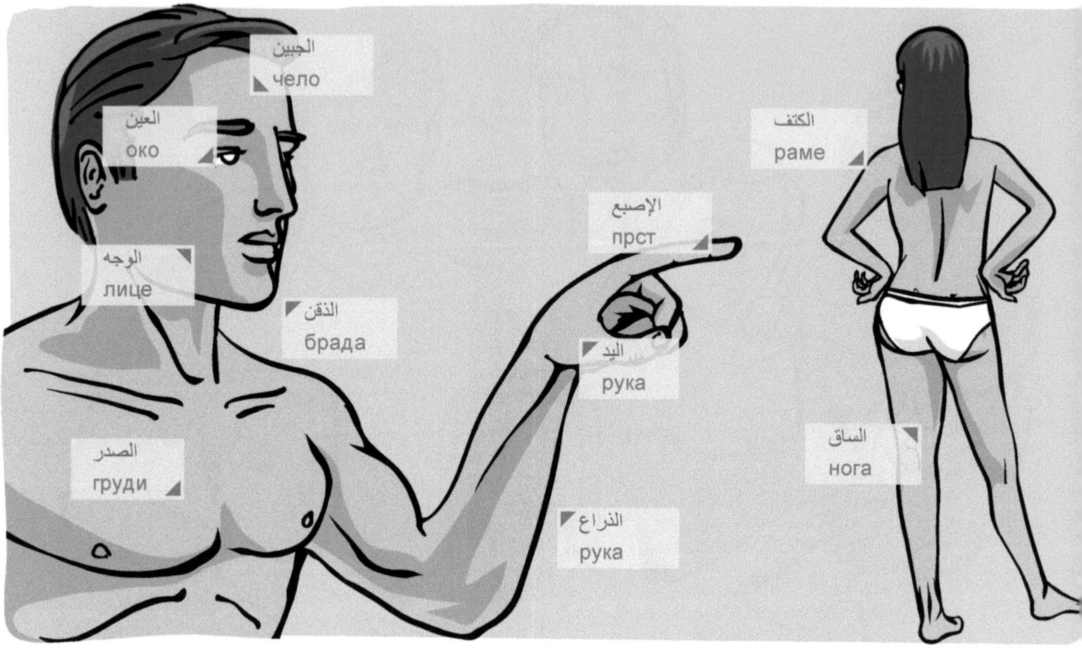

الجبين
чело
العين
око
الكتف
раме
الإصبع
прст
الوجه
лице
الذقن
брада
اليد
рука
الساق
нога
الصدر
груди
الذراع
рука

الطفل

беба

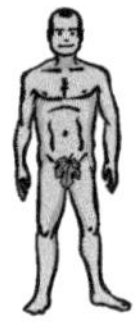

الرجل

мушкарац

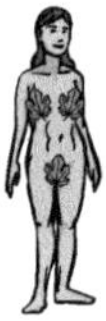

المرأة

жена

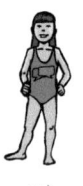

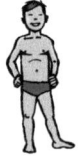

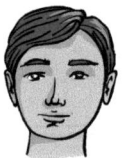

البنت

девојчица

الولد

дечак

الرأس

глава

الظهر

леђа

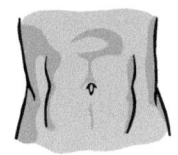

البطن

стомак

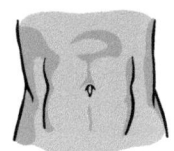

السرّة

пупак

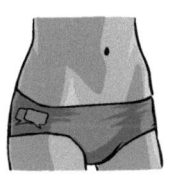

إصبع القدم

ножни прст

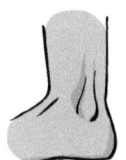

الكعب

пета

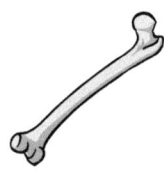

العظم

кост

الورك

кукови

الركبة

колено

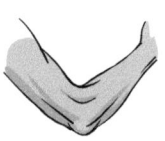

المرفق

лакат

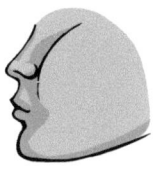

الأنف

нос

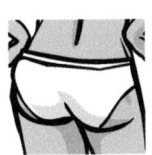

العَجُز

задњица

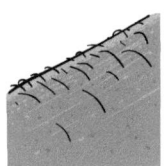

البشرة

кожа

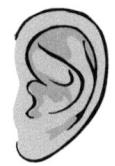

الخد

образ

الأذن

уво

الشفة

усна

الفم

уста

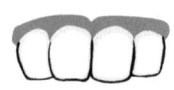

السن

зуб

اللسان

језик

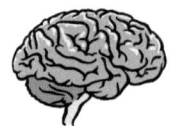

الدماغ

мозак

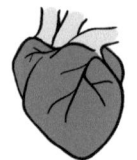

القلب

срце

العضلة

мишић

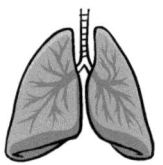

الرئة

плућа

الكبد

јетра

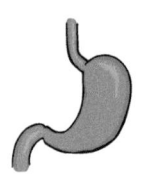

المعدة

желудац

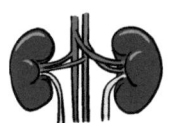

الكِلى

бубрези

الاتصال الجنسي

полни однос

الواقي المطاطي

кондом

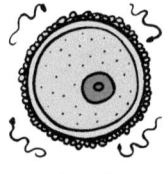

البويضة

јајна ћелија

المنيّ

сперма

الحمل

трудноћа

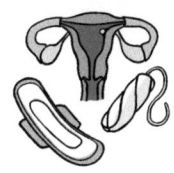

الحيض

менструација

المهبل

вагина

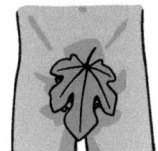

القضيب

пенис

الحاجب

обрва

الشعر

коса

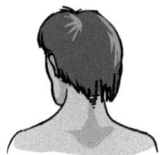

الرقبة

врат

الجسم - тело

71

المستشفى

болница

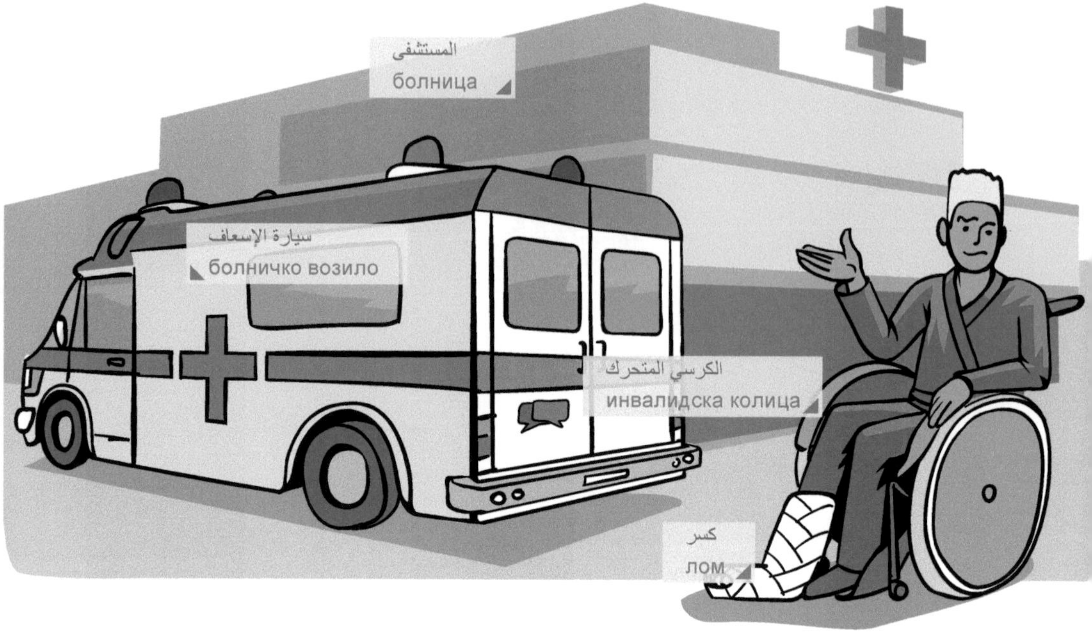

المستشفى
болница
سيارة الإسعاف
болничко возило
الكرسي المتحرك
инвалидска колица
كسر
лом

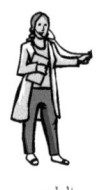

الطبيب

лекар

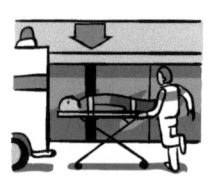

غرفة الإسعاف

хитна медицинска служба

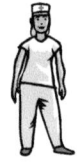

الممرضة

медицинска сестра

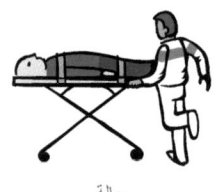

حالة

хитни случај

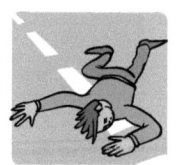

مغمى عليه

несвест

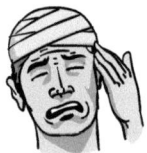

الألم

бол

إصابة

повреда

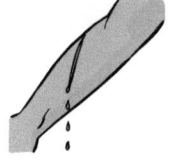

النزيف

крварење

احتشاء القلب

срчани удар

جلطة

удар

حسسية

алергија

السعال

кашаљ

الحُمّى

грозница

إنفلونزا

грипа

الإسهال

пролив

وجع الرأس

главобоља

السرطان

рак

مرض السكر

дијабетес

جرّاح

хирург

مبضع

скалпел

عملية

операција

	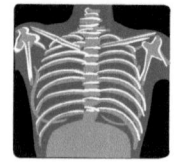	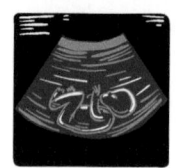
سيتي سكان	الأشعة السينية	فوق الصوتي
цт	рентген	ултразвук

القناع	المرض	غرفة الانتظار
маска	болест	чекаона
	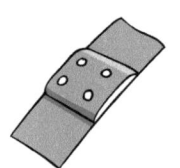	
العُكّاز	شريط لاصق	ضماد
штака	фластер	завоj
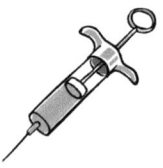	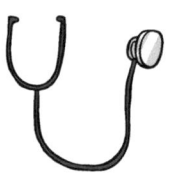	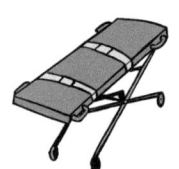
حقنة	سمّاعة الطبيب	نقالة
ињекција	стетоскоп	носила

ميزان حرارة	ولادة	وزن زائد
термометар	рођење	прекомерна тежина

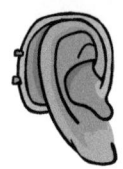

جهاز السمع

слушни апарат

المواد المعقمة

средство за дезинфекцију

عدوى

инфекција

فيروس

вирус

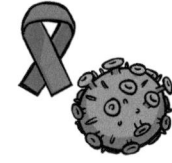

الإيدز

хив / аидс

الطب

медицина

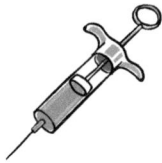

اللقاح

вакцинација

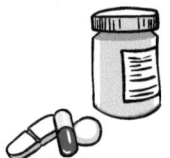

أقراص الدواء

таблете

حبّة الدواء

пилула

نداء النجدة

хитни позив

مقياس ضغط الدم

уређај за мерење притиска

مريض / صحيح

болесно / здраво

النجدة!

помоћ!

إنذار

аларм

اعتداء

насртај

هجوم

напад

خطر

опасност

مخرج طوارئ

излаз у случају нужде

حريق!

пожар!

جهاز الإطفاء

противпожарни апарат

حادث

незгода

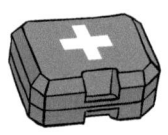

حقيبة الإسعاف الأولي

кутија прве помоћи

أنقذونا

сос

الشرطة

полиција

أوروبا

Европа

أمريكا الشمالية

Северна Америка

أمريكا الجنوبية

Јужна Америка

أفريقيا

Африка

آسيا

Азија

أستراليا

Аустралија

المحيط الأطلسي

Атлантик

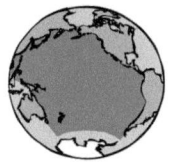

المحيط الهادي

Пацифик

المحيط الهندي

Индијски океан

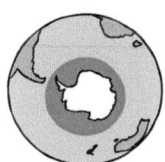

المحيط المتجمد الجنوبي

Антарктички океан

المحيط المتجمد الشمالي

Арктички океан

القطب الشمالي

Северни рол

القطب الجنوبي

Јужни рол

منطقة القطب الجنوبي

Антарктик

أرض

земља

بر

земља

بحر

море

جزيرة

оток

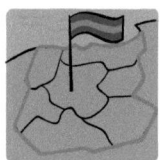

أمة

нација

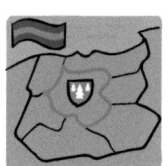

دولة

држава

أرض - земља

ميناء الساعة

бројчаник сата

عقرب الساعات

сатна казаљка

عقرب الدقائق

минутна казаљка

عقرب الثواني

секундна казаљка

كم الساعة الآن؟

Колико је сати?

يوم

дан

زمن

време

الآن

сада

ساعة رقمية

дигитални сат

دقيقة

минута

ساعة

час

الإثنين
понедељак **MO**

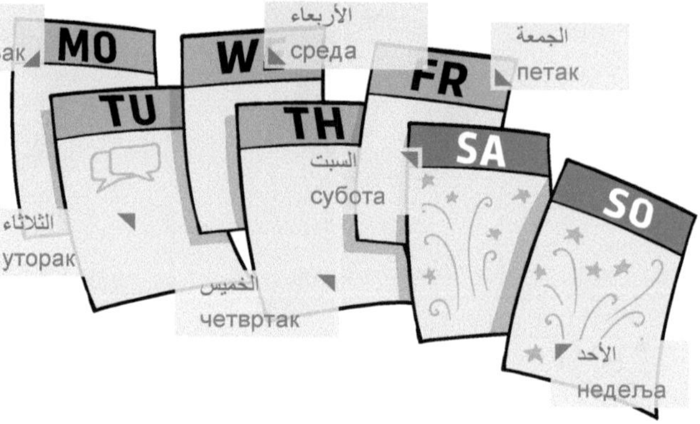

الأربعاء
W среда

الجمعة
FR петак

TU

TH
السبت
субота

SA

SO

الثلاثاء
уторак

الخميس
четвртак

الأحد
недеља

TUE / **MON**
الأمس
jуче

TUE 2
اليوم
данас

TUE 3
غداً
сутра

الصباح
jутро

подне
الظهر

المساء
вече

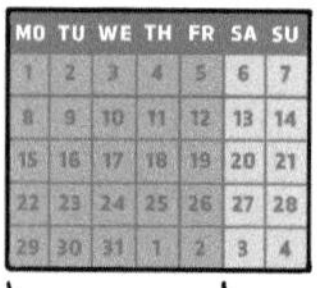

MO	TU	WE	TH	FR	SA	SU
1	2	3	4	5	6	7
8	9	10	11	12	13	14
15	16	17	18	19	20	21
22	23	24	25	26	27	28
29	30	31	1	2	3	4

أيام العمل
радни дани

MO	TU	WE	TH	FR	SA	SU
1	2	3	4	5	6	7
8	9	10	11	12	13	14
15	16	17	18	19	20	21
22	23	24	25	26	27	28
29	30	31	1	2	3	4

نهاية الأسبوع
викенд

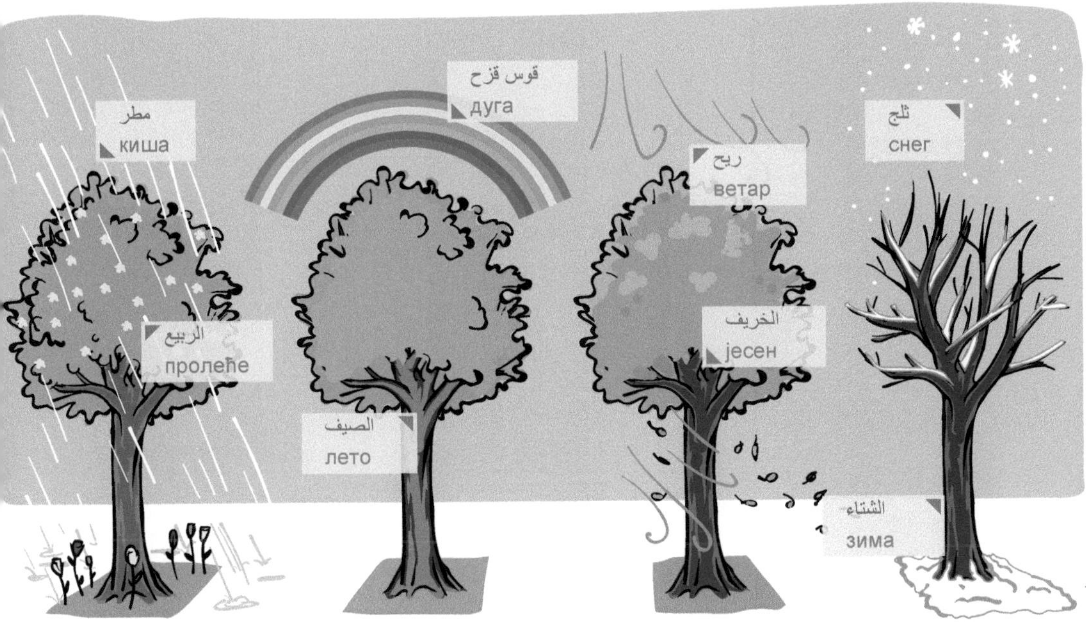

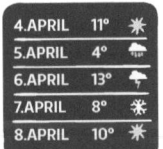

مطر
киша
قوس قزح
дуга
ثلج
снег
ريح
ветар
الربيع
пролеће
الخريف
јесен
الصيف
лето
الشتاء
зима

4.APRIL 11°
5.APRIL 4°
6.APRIL 13°
7.APRIL 8°
8.APRIL 10°

التنبّؤ بالحالة الجوية

....

метеоролошка прогноза

F C
120 40
90 30
60 20
30 10
0 0
-30 -10
-20

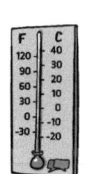

مقياس حرارة

....

термометар

ضوء الشمس

....

сунчана светлост

سحابة

....

облак

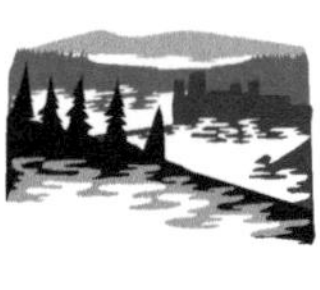

ضباب

....

магла

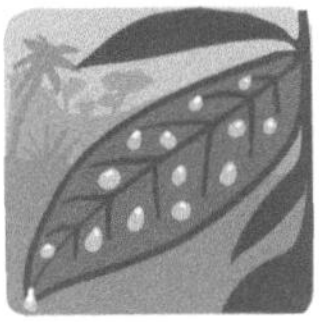

رطوبة الجو

....

влажност ваздуха

برق

مunja

رعد

грмљавина

عاصفة

олуја

بَرَد

туча

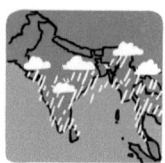

ريح موسمية

монсун

طوفان

поплава

جليد

лед

كانون الثاني / يناير

јануар

شباط / فبراير

фебруар

آذار / مارس

март

نيسان / أبريل

април

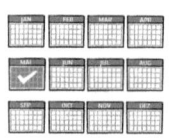

أيار / مايو

мај

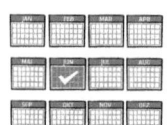

حزيران / يونيو

јуни

تموز / يوليو

јули

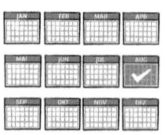

آب / أغسطس

август

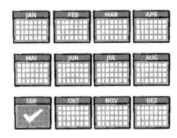

أيلول / سبتمبر

септембар

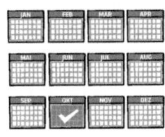

تشرين الأول / أكتوبر

октобар

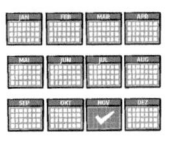

تشرين الثاني / نوفمبر

новембар

كانون الأول / ديسمبر

децембар

أشكال

облици

دائرة

круг

مربّع

квадрат

مستطيل

правоугао

مثلّث

троугао

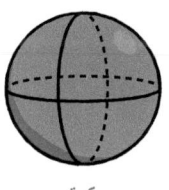

كرة

кугла

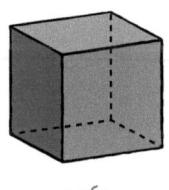

مكعب

коцка

أبيض

бела

أصفر

жута

برتقالي

наранџаста

وردي

ружичаста

أحمر

црвена

بنفسجي

љубичаста

أزرق

плава

أخضر

зелена

بنّي

смеђа

رمادي

сива

أسود

црна

супротности

كثير / قليل

много / мало

غضبان / هادئ

љутито / мирно

جميل / قبيح

лепо / ружно

بداية / نهاية

почетак / крај

كبير / صغير

велико / малено

فاتح / قاتم

светло / тамно

أخ / أخت

брат / сестра

نظيف / وسخ

чисто / прљаво

كامل / ناقص

потпуно / непотпуно

نهار / ليل

дан / ноћ

ميت / حيّ

мртво / живо

عريض / ضيّق

широко / уско

صالح للأكل / غير صالح

jестиво / нejестиво

شرّير / لطيف

зло / добро

مثير / ممل

узбуђено / досадно

سمين / نحيف

дебело / мршаво

أولاً / أخيراً

на почетку / на крају

صديق / عدو

пријатељ / непријатељ

ملیء / فارغ

пуно / празно

صلب / ليّن

тврдо / мекано

ثقيل / خفيف

тешко / лагано

جوع / عطش

глад / жеђ

مريض / صحيح

болесно / здраво

غير شرعي / شرعي

илегално / легално

ذكي / غبي

паметно / глупо

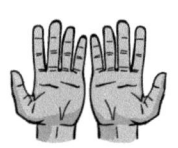

يسار / يمين

лево / десно

قريب / بعيد

близу / далеко

جديد / مستعمل

ново / половно

لا شيء / بعض الشيء

ништа / нешто

مسين / شاب

старо / младо

يشعل / يطفئ

укључено / искључено

مفتوح / مغلق

отворено / затворено

خافت / عالٍ

тихо / гласно

غني / فقير

богато / сиромашно

صح / خطأ

тачно / погрешно

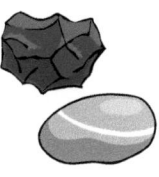

أحرش / املس

храпаво / глатко

حزين / سعيد

тужно / сретно

قصير / طويل

кратко / дуго

بطيء / سريع

полако / брзо

مبلول / جاف

мокро / сухо

ساخن / بارد

топло / хладно

حرب / سلم

рат / мир

бројеви

0

صفر

нула

1

واحد

један

2

اثنان

два

3

ثلاثة

три

4

أربعة

четири

5

خمسة

пет

6

ستة

шест

7

سبعة

седам

8

ثمانية

осам

9

تسعة

девет

10

عشرة

десет

11

أحد عشر

једанаест

12

اثنا عشر

дванаест

13

ثلاثة عشر

тринаест

14

أربعة عشر

четрнаест

15

خمسة عشر

петнаест

16

ستة عشر

шестнаест

17

سبعة عشر

седамнаест

18

ثمانية عشر

осамнаест

19

تسعة عشر

деветнаест

20

عشرون

двадесет

100

مائة

стотину

1.000

ألف

хиљаду

1.000.000

مليون

милион

الإنكليزية

енглески

الإنكليزية الأمريكية

амерички енглески

لغة ماندارين الصينية

мандарински кинески

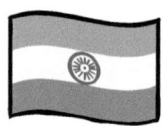

الهندية

хиндски

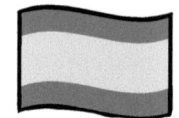

الإسبانية

шпански

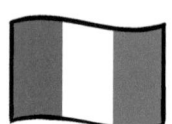

الفرنسية

француски

العربية

арапски

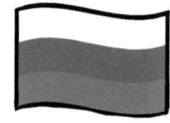

الروسية

руски

البرتغالية

португалски

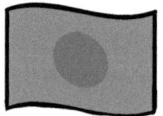

البنغالية

бенгалски

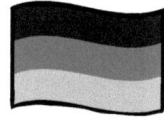

الألمانية

немачки

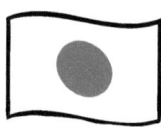

اليابانية

јапански

أنا

ja

أنت

ти

هو / هي

он / она / оно

نحن

ми

أنتم

ви

هم

они

من؟

Ко?

ماذا؟

Шта?

كيف؟

Како?

أين؟

Где?

متى؟

Када?

اسم

име

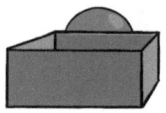

خلف

иза

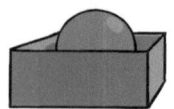

في

у

أمام

испред

فوق

преко

على

на

تحت

испод

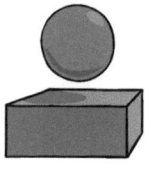

جنب

поред

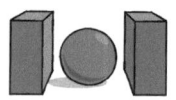

بين

између

مكان

место